# Biblioteca Jurídica Digital

www.bibliotejuridica.com.co

# *De la Justicia Virtual*

## *Llegó para quedarse…*

*Un reto a superar*

**Primera Edición**

2020

*Fundación Biblioteca Jurídica*

*Fusagasugá*

**HECHOS EL DEPOSITO DE LEY**

**PRIMERA EDICION**

**Julio de 2020**

**PROPIEDAD REGISTRADA**
**José M. Forero Bautista**


**Fusagasugá**

**Diagramación**
**Fundación Biblioteca Jurídica**
*57 1 867 22 45*


*JOSE M. FORRO BAUTISTA*
**ISBN:** 9798668909124


*Fundación Biblioteca Jurídica*
*Fusagasugá*
www.bibliotecajuridica.com.co

# Índice General

## CAPITULO PRIMERO
De la Virtualidad


## CAPITULO SEGUNDO
Expediente Virtual

# INDICE TEMATICO


## SUMARIO

# INDICE TEMATICO

*Apelación de Sentencias*

*Apelación de Sentencias Laboral*

*Consideraciones del Ejecutivo*

*Correo electrónico de los Despachos*

*Deberes de los Sujetos Procesales*

*De la Demanda*

*De la Justicia Virtual*

*De las Audiencias*

*De las Notificaciones*

*De los Expedientes*

*De los Expedientes - Poderes*

*Del Emplazamiento*

*Del Expediente Virtual*

*Excepciones Previas*

*Notificaciones por Estado*

*Práctica de la tecnología*

*Presupuestos fácticos*

*Reforma Ley Procesal*

*Sentencia Anticipada*

*SUMARIO*

*Uso de la Tecnología*

*Practica de la Tecnología*

# CAPITULO PRIMERO

## *De la Virtualidad*

La virtualidad es una realidad que se materializa por la utilización de la tecnología con fundamento en la existencia de aplicaciones que llevan en tiempo real, la voz y la imagen en forma segura al celular o al computador de uno o varios destinatarios determinados, en forma más o menos eficiente y que permite dejar constancia de todo cuando suceda en esas plurales intervenciones.

En la misma forma con el correo electrónico, que permite identificar al usuario peticionario o destinatario de la información y responder en la misma forma sus peticiones dejando la constancia virtual de cada movimiento

Este sistema al parecer, llegó para quedarse y con el tiempo será muy eficiente en razón a la práctica que las partes adquieren en el manejo de estas aplicaciones y la proyectada mejoría de la velocidad de Internet que permitirá su seguridad y la fidelidad total de las comunicaciones, cuando las fallas que seguramente se presentarán sean subsanadas y con la práctica rebasadas por los respectivos usuarios, amén del rapidísimo avance de la tecnología, del cual ya somos conscientes.

Papel importante en el desarrollo de este necesario proyecto, es la intervención de la ingeniería de sistemas, los programadores que seguramente deberán estar asesorados por abogados que definirán todo lo concerniente al adecuado funcionamiento del expediente electrónico.

Como consecuencia de esta emergencia sanitaria, los expedientes tendrán un tramite dual relacionado con el expediente tradicional y el que se construya de hoy en adelante como consecuencia de la restricción presencial, para terminar seguramente en el proceso digitalizado en donde serán las partes los autorizados para acceder a sus documentos.

Muy Seguramente los nuevos casos que deba estudiar la jurisdicción serán construidos en su totalidad virtualmente.

No obstante, es necesario reconocer que el uso de medios tecnológicos en la prestación de servicios de justicia tuvo impactos negativos en el acceso a la justicia de algunos sectores de la población como consecuencia del desconocimiento por parte del usuario final del manejo de los sistemas, creando una brecha digital, ya que el uso de estos medios presuponía un acceso a medios electrónicos y al conocimiento tecnológico, con el que muchas personas no contaban aun n la actualidad, sumandose a ese inconveniente, la baja calidad de las paginas que utiliza el estado para proveer de tal información y el desconocimiento por parte de algunos funcionarios de la major forma para informar virtualmente,

INDICE

- *De la Justicia Virtual*

Como consecuencia de estas tecnologías y apuradas por las circunstancias de "emergencia sanitaria" que vivimos y que todos conocemos, el Gobierno Nacional por intermedio del Ministerio de la Información y la Tecnología, yendo de la mano con el Consejo Superior de la Judicatura y la Rama Judicial, han implementado el "proceso virtual" que en sentido general, no extraña el proceso presencial a que estamos acostumbrados y que facilitará el ejercicio del derecho a las partes, contribuyendo seguramente a la anhelada eficiencia de la administración de justicia y supliendo eficazmente la inmediación como método presutamente eficiente que aleja al funcionario de las partes preservando al juez de su indepdencia y de su equitativo poder decisorio.

Es un reto que debe superar la administración de justicia, por medio del consejo superior de la judicatura que será la entidad que marque la pauta en este nuevo sistema, con la colaboración necesaria de los funcionarios judiciales quienes deberán buscar las fórmulas adecuadas de eficiencia y suficiencia en el manejo del sistema, procurando la facilidad de su manejo e instituyendo un solo sistema de presentación de la documentación, de las notificaciones y de la presencia virtual de las partes.

No serán poco los problemas que se deban superar, pero seguramente este sistema virtual facilitará a todos los abogados su ejercicio profesional y terminará garantizando la estricta utilización y cumplimiento del debido proceso, así como la realización a conformidad del derecho sustancial. En la misma forma, facilitara al juez de la republica la toma de decisiones con una verdad procesal más cerca de verdad verdadera sin el contacto personal con la parte que en alguna u otra forma altere su criterio.

El decreto que pone en práctica la "justicia virtual" se fundamenta en el ejercicio de las facultades constitucionales y legales que tiene el ejecutivo, en especial las conferidas en el artículo 215 de la Constitución Política, en concordancia con la Ley 137 de 1994, y el Decreto 637 del 6 de mayo de 2020, *"Por el cual se declara un Estado de Emergencia Económica, Social y Ecológica en todo el territorio nacional"*

Así, se dicta el Decreto 806 de 2020 con el cual se pone en marcha la justicia virtual, involucrando todas las instituciones de justicia del Estado, que teniendo adelantado un sistema informativo para los abogados sobre el movimiento de sus procesos, adolecía de la confiabilidad y la perentoriedad que debía tener esa clase de información suministrada por el Estado amen de la legalidad y sus efectos, puesto que no se le daba el valor procesal probatorio con el que debía de gozar, aspecto que cambiar radicalmente con este nuevo sistema virtual.

INDICE

- *Consideraciones del Ejecutivo*

Una vez declarado el estado de "Emergencia Económica, Social y Ecológica" el presidente, con la firma de todos los ministros, dictó decretos con fuerza de ley destinados exclusivamente a conjurar la crisis y a impedir la extensión de sus efectos en uso de lo ordenado en el Articulo 215 al sobrevenir hechos que perturban o amenazan en forma grave e inminente el orden económico, social y ecológico del país distintos a los contemplados en los artículos 212 y 213, declara el Estado de Emergencia Económica, Social y Ecológica, debiendo mediante estos decretos de emergencia referirse a materias que tengan relación directa y específica con ese estado de Emergencia Económica, Social y Ecológica declarado.

Así, el día 6 de marzo de 2020 el Ministerio de Salud y de la Protección Social dio a conocer el primer caso de brote de enfermedad por Coronavirus COVID-19 en el territorio nacional.

Luego, cinco días después, la Organización Mundial de la Salud - OMS declaró el actual brote de enfermedad por Coronavirus - COVID-19 como una pandemia, teniendo en cuenta esencialmente la velocidad de su propagación y la escala de trasmisión, pues el 11 de marzo de 2020 a la OMS le habían notificado cerca de 125.000 casos de contagio en 118 países.

Mediante Resolución No. 380 del 10 de marzo de 2020, el Ministerio de Salud y Protección Social adoptó, entre otras, medidas preventivas sanitarias de aislamiento y cuarentena de las personas que, a partir de la entrada en vigencia de la precitada resolución, arribaran a Colombia desde la República Popular China, Francia, Italia y España.

Un día después, mediante la Resolución 385 del 12 de marzo de 2020, el ministro de Salud y Protección Social, de acuerdo con lo establecido en el artículo 69 de la Ley 1753 de 2015, declaró el estado de emergencia sanitaria por causa del nuevo Coronavirus COVID-19 en todo el territorio nacional hasta el 30 de mayo de 2020 adoptando una serie de medidas con el objeto de prevenir y controlar la propagación del Coronavirus COVID-19 y así mitigar sus efectos.

Mediante la Resolución 00844 del 26 de mayo de 2020 el Ministerio de Salud y Protección Social prorrogó la emergencia sanitaria por causa del nuevo Coronavirus COVID-19 hasta el 31 de agosto de 2020, reportando el día 9 de marzo de 2020, 0 muertes y 3 casos de contagios confirmados.

Para el día 17 de marzo, 8 días después, el Ministerio de Salud y Protección Social había reportado que en el país se presentaban 75 casos de personas infectadas con el Coronavirus COVID-19 pero 0 fallecidos, cifra que ha venido creciendo a lo largo y ancho del país, llegando a contabilidad para el día 2 de junio de 2020 a las cifras de 33.354 personas contagiadas al 3 junio de 2020 y mil cuarenta y cinco (1.045} fallecidos, lo que produjo alarma en todo el país habiéndose multiplicado los contagios en aterradora progresión geométrica amen del porcentaje de fallecidos con respecto al número de contagiados.

Para hoy en día, las estadistas no paran de subir, habiendo reportado para el de hoy 26 de julio de 2020 las siguientes cifras:

| Confirmados 241 k +7254 | Personas recuperadas 120 k | Muertes 8269 +294 |
|---|---|---|

Por esta razón, el panorama no es muy alentador, por lo que reclama al gobierno unas medidas estrictas tendientes de disminuir los contagios dada nuestra indisciplina social

INDICE

**Presupuestos facticos:**

El aumento acelerado del desempleo, genera indudablemente una perturbación grave y extraordinaria en el orden económico, así como el deterioro y la afectación en su producto interno bruto, siendo que las medidas de distanciamiento social dictadas afectaron especialmente a los sectores de la economía que, por su naturaleza, deben permanecer completamente aislados para evitar la propagación del virus.

La virtualización de la justicia tiene gran significado, pues procurando el bien de los servidores judiciales, se procura el bien de los litigantes y los usuarios al permitir ese aislamiento con consecuencias más que positivas amen de facilitarse por la naturaleza del servicio lo que no sucede en otros sectores, permitiendo a sus funcionarios un ahorro en el costo del transporte y facilitando la labor desde sus propias casa, pronosticándose un excelente rendimiento en sus labores que, sin embargo,  podría convertir en un ocio legalizado, si no se toman las medidas pertinentes.

El sector de comercio y el de reparación de vehículos reportó una vacancia de 1.5 millones de empleos, siendo el sector que más contribuyó al desempleo en las principales ciudades. Asimismo, las restricciones afectaron la confianza de los consumidores, empresarios e inversionistas que, en un intento por preservar su capital, lo dejaron sin inversión.

Según los informes oficiales, el índice de confianza comercial se ubicó en el 31 % en este mismo periodo, lo que representa un deterioro de 58% frente a marzo de 2019, correspondiendo esta cifra al peor registro histórico de este indicador, lo que no deja de ser preocupante.

De acuerdo con lo expuesto por la directora del Instituto Nacional de Salud, ante la Comisión Tercera de la Cámara de Representantes, existe una limitación en los análisis de pruebas del Covid-19 debido a la alta demanda y competencia a nivel mundial por los reactivos y la falta de mecanismos necesarios, lo que ineludiblemente genero una ampliación del aislamiento obligatorio y por tanto la imposibilidad de reactivar en mayor medida la economía, generando un impacto negativo, impensable e inusitado en el desempleo a nivel nacional pero tratando de conservar la vida y la salud de los colombianos.

Se llegó entonces a la necesidad de ampliar el aislamiento obligatorio, pero con resultados insuficientes, a pesar de la idoneidad de las medidas tomadas para ayudar a las pequeñas y medianas empresas, lo que hizo necesario tomar nuevas medidas legislativas para evitar una destrucción masiva del empleo; el cierre total de las empresas y el impacto negativo que ello conlleva en la economía del país y que a futuro generaran un impacto incalculable en el sistema económico colombiano, teniendo como prevalente inmodificable la salud y la vida de los colombianos.

En marzo de 2020, la tasa de desempleo a nivel nacional se incrementó en 1.4% frente a febrero, siendo este el mayor incremento registrado desde febrero de 2004 y el segundo más alto registrado desde 2001. Reportándose una destrucción de cerca de 1,6 millones de empleos con respecto al mes anterior, lo que correspondió al mayor incremento en dicho indicador.

Las solicitudes ante el Ministerio de Trabajo, tanto de suspensión de actividades, como de contratos de trabajo y de despidos colectivos, aumentaron 30 veces frente al registro de todo el año 2019, lo que anticiparía un grave deterioro del mercado laboral en los próximos meses, con consecuencias funestas para la economía en el futuro.

La adopción de medidas de rango legislativo -decretos legislativos- tomadas como consecuencia a el "Estado de Emergencia", buscó fortalecer las acciones dirigidas a conjurar los efectos de la crisis, mediante la protección a los empleos, la protección de las empresas y la prestación de los distintos servicios para los habitantes del territorio colombiano, así como la mitigación y prevención del impacto negativo en la economía del país. Dentro del subtítulo "Medidas generales que se deben adoptar para conjurar la crisis y evitar la extensión de sus efectos" se señaló *"...Que se debe permitir al Gobierno nacional la adopción de medidas en aras de mantener y proteger el empleo, entre otras, el establecimiento de nuevos tumos de trabajo, la adopción de medidas que permitan contribuir al Estado en el financiamiento y pago de parte de las obligaciones laborales a cargo de los empleadores".*

Y así, se han venido tomado una serie de medidas en el marco de la declaratoria de emergencia económica, social y ecológica, orientadas a mitigar los efectos económicos negativos a causa de la pandemia del Coronavirus COVID-19, habiendo sido preciso tomar medidas extraordinarias y urgentes relacionadas con la contención del virus y su mitigación, así como medidas orientadas a conjurar los efectos económicos asociados, disponiendo de los recursos financieros, humanos y logísticos para enfrentarlos, pero sin olvidar su fundamento principal: La salud y la Vida.

El Decreto 637 de 2020 dispuso dentro de las medidas generales que se deben adoptar para conjurar la crisis y evitar su extensión, la siguiente: *"Que, con el propósito de limitar las posibilidades de propagación del nuevo coronavirus Covid 19 y de proteger la salud del público en general y de los servidores públicos que los atienden, se hace necesario expedir normas de orden legal que flexibilicen la obligación de atención personalizada al usuario y se permita, incluso, la suspensión de términos legales en las actuaciones administrativas y jurisdiccionales, así como disposiciones tendientes a generar, a pesar de todo, eficiencia administrativa en el sector público".*

En los Decretos 457 del 22 de marzo de 2020, 531 del 8 de abril de 2020, 593 del 24 de abril de 2020, 636 del 06 de mayo de 2020 y 749 del 28 de mayo de 2020, el Presidente de la República impartió instrucciones en virtud de la emergencia sanitaria generada por la pandemia del nuevo Coronavirus COVID-19, y el mantenimiento del orden público, dentro de las cuales se ordenó el aislamiento preventivo obligatorio de todas las personas habitantes de la República de Colombia.

En el Decreto 417 de 2020, el Gobierno nacional adoptó medidas encaminadas a garantizar los derechos de los usuarios de la justicia, la continuidad de los servicios de justicia prestados por entidades del ejecutivo y de los métodos alternativos de resolución de conflictos. Asi en el Decreto 469 de 23 de marzo de 2020 el Gobierno nacional dispuso que, en el marco de la Emergencia Económica, Social y Ecológica, la Sala Plena de la Corte Constitucional podría levantar la suspensión de los términos judiciales ordenada por el Consejo Superior de la Judicatura cuando fuere necesario para el cumplimiento de sus funciones constitucionales.

En el Decreto 491 del 28 de marzo de 2020 el Gobierno nacional adoptó *"[...] medidas de urgencia para garantizar la atención y la prestación de los servicios por parte de las autoridades públicas y los particulares que cumplan funciones públicas y se toman medidas para la protección laboral y de los contratistas de prestación de servicios de las entidades públicas, en el marco del Estado de Emergencia Económica"*, estableciendo medidas para que las entidades públicas, incluidas las que tienen funciones jurisdiccionales puedan prestar servicios a través de las tecnologías de la información y las comunicaciones; para que los procesos arbitrales puedan tramitarse a través de las tecnologías de la información y las comunicaciones; para mantener la continuidad en la prestación de los servicios de justicia alternativa, los procesos arbitrales y los trámites de conciliación extrajudicial, amigable composición y procedimientos de insolvencia de persona natural no comerciante mediante el uso de tecnologías de la comunicación y la información; también para que durante el período de aislamiento preventivo obligatorio las autoridades que no cuenten con firma digital puedan válidamente suscribir los actos, providencias y decisiones que adopten mediante firma autógrafa mecánica, digitalizadas o escaneadas, según la disponibilidad de dichos medios, y se estableció que, sin perjuicio de las disposiciones contenidas en las normas vigentes, los órganos, corporaciones, salas, juntas o consejos colegiados, de todas las ramas del poder público y en todos los órdenes territoriales, podrán realizar sesiones no presenciales cuando por cualquier medio sus miembros puedan deliberar y decidir por comunicación simultánea o sucesiva. No obstante, en dicho decreto lastimosamente no se establecieron ni regularon las medidas procesales para el trámite de los procesos judiciales.

Mediante el Decreto 564 de 2020, *"Por el cual se adoptan medidas para la garantía de los derechos de los usuarios del sistema de justicia, en el marco del Estado de Emergencia Económica, Social y Ecológica"*, para garantizar los derechos de acceso a la administración justicia, debido proceso, el derecho de defensa y el principio de seguridad, se suspendieron todos los términos de prescripción y de caducidad previstos en cualquier norma sustancial o procesal para ejercer derechos, acciones, medios de control o presentar demandas y los términos procesales de Inactividad para el desistimiento tácito previstos en el artículo 317 del Código General del Proceso en el artículo 178 del Código de Procedimiento Administrativo y de lo Contencioso Administrativo, así como también los términos de duración del proceso del artículo 121 del Código General del Proceso.

El Consejo Superior de la Judicatura, con fundamento en lo dispuesto en el artículo 85 numerales 13, 16, 24 y 26 de la Ley 270 de 1996 y en la Resolución No. 385 de 2020 del Ministerio de Salud y Protección Social, mediante los Acuerdos PCSJA20-11517, PCSJA20-11518, PCSJA20-11519, PCSJA20-11521, PCSJA20-11526, PCSJA20-11527, PCSJA20-11529, PCSJA20-11532, PCSJA20-11546, PCSJA20-11549 y PCSJA20-11556 suspendió los términos judiciales de la mayoría de los procesos desde el 16 de marzo de 2020. Progresivamente ha levantado la suspensión en ciertos asuntos cuya continuidad ha considerado viable en el marco de su autonomía. Además, establecido diferentes medidas que pretenden privilegiar la utilización de medios virtuales para la prestación del servicio de justicia, como:

*"Que los servidores judiciales trabajaran preferencialmente desde sus casas mediante el uso de las tecnologías de la información y las comunicaciones, salvo que, de manera excepcional, para cumplir con las funciones o prestación del servicio, fuera necesario el desplazamiento o la atención presencial en las sedes judiciales o administrativas.*

Como consecuencia de esta recomendación se esperaba que una vez se restableciera el valor procesal del término, los juzgados iban a cargar edictos que acumulados debían de haber superado el número de procesados trabajados ordinariamente durante 3 meses, pero no fue así, lo que nos indica el poco o nada interés que se le dio a la anterior recomendación causa de la suspensión de términos.

- *Que en la recepción, gestión, trámite, decisión y de las actuaciones judiciales y administrativas, si corresponde, se privilegiará el uso de las tecnologías de la información y las comunicaciones, de preferencia institucionales, en concordancia con lo previsto en el artículo 3 del Decreto 491 de 2020.*

Sinembargo el Decreto en comento no privilegia el uso de las tecnologías, sino que las declara obligatorias, pues su uso a discreción por las partes, ya se encontraba normado en el Código General del Proceso que nadie cumplía.

*Que los jueces utilizarán preferencialmente los medios tecnológicos para todas las actuaciones, comunicaciones, notificaciones, audiencias y diligencias, y permitirán a las partes, abogados, terceros e intervinientes actuar en los procesos mediante los medios tecnológicos disponibles, evitando exigir y cumplir formalidades físicas innecesarias.*

En la misma forma, no se trata de utilizar preferencialmente el uso de estos medios, sino que su uso se torna obligatorio.

*Que los memoriales y demás comunicaciones podrán ser enviados o recibidos por correo electrónico evitando presentaciones o autenticaciones personales o adicionales de algún tipo.*

Las memoriales y demás comunicaciones deberán ser enviados o recibidos por correo, lo que aleja definitivamente al litigante de la baranda del juzgado.

*Que las partes, abogados, terceros e intervinientes en los procesos judiciales o administrativos deberán suministrar la dirección de correo electrónico para recibir comunicaciones y notificaciones."*

Es un requisito para admisión de la demanda y un deber para el trámite de todos los procesos hoy en curso.

No obstante las medidas adoptadas, éstas resultan Insuficientes frente al grave impacto que en relación con la prestación del servicio de justicia ha producido la prolongación de las medidas de aislamiento, situación que no podía ser prevista al inicio de la emergencia sanitaria al persistir la situación de riesgo de contagio, ocasionando que los efectos de la emergencia hayan sido mucho mayores, por lo que en razón de la incertidumbre sobre la evolución de la pandemia, no es posible conocer el momento preciso en que se podrá prestar con normalidad el servicio de justicia tan necesaria para el orden social y la convivencia ciudadana.

Por las características propias de la pandemia, los efectos de la crisis en materia sanitaria, económica y social ha evolucionado de manera imprevisible, y, en consecuencia, bajo esa misma lógica ha evolucionado la afectación a la prestación de los servicios del Estado y consecuencialmente, el servicio esencial de la administración de justicia, que en consideración del ejecutivo dentro de sus atribuciones como legislador, ha calculado en dos años, tiempo de la vigencia del Decreto que puede convertirse en legislación permanente de acuerdo al resultado a la obligatoria experiencia.

Es indudable que esta situación ha tenido graves consecuencias tanto en materia de acceso a la administración de justicia, como en relación con los sujetos que actúan ante las autoridades judiciales. Los ciudadanos se han visto limitados en sus posibilidades de acudir a la justicia para reclamar sus derechos o dirimir sus controversias; de igual manera, lo repetimos, se ha ocasionado una grave crisis económica para los abogados litigantes y sus trabajadores, cuando aquellos habiendo constituido sociedades para asistencia y defensa legal, no han podido continuar con su labor de la que derivan su sustento que depende necesariamente del desarrollo de las etapas procesales, amén de los que trabajan independientemente sin relación laboral alguna, para quienes el único sustento es el importe por su litigio, cuyas resultados no aparecen por ningún lado, sin que sea difícil adivinar su causa.

****

No se puede ocultar, el aprovechamiento que muchos de nuestros conciudadanos hacen de la falta de justicia, que no solamente perjudica la economía de muchos, sino que pueden ser la causa de un caos social por solo existir para ellos la "ley de la selva" y no estar preparados éticamente, en algunos casos, para resolver la pandemia a mi favor, pero también, como debe ser, a favor de mi semejante.

La Honorable Corte Constitucional en las Sentencias C - 365 de 2000, C-326 de 2006, C-879 de 2003 y C-1149 de 2001, ha señalado que *"Una de las actividades esenciales del funcionamiento del Estado Social de Derecho es la administración de justicia". Su objetivo primordial consiste en preservar los valores y garantías establecidos en la Constitución. El artículo 229 Superior reconoce a todas las personas el derecho a obtener una tutela judicial efectiva por parte de los jueces y tribunales que integran la administración de justicia, garantía que entraña la posibilidad de acudir libremente a la jurisdicción, siendo parte en un proceso promoviendo la actividad jurisdiccional que concluya con una decisión final motivada, razonable y fundada en el sistema de fuentes."*

Siendo que el Consejo Superior de la Judicatura, por tratarse de competencias asignadas al legislador, no tiene facultades para crear ni modificar reglas procesales especiales, su competencia quedó restringida a la adopción de medidas administrativas que no tienen el alcance de modificar, adicionar o derogar las normas procesales vigentes de rango legal, por lo que la Honorable Corte Constitucional ha dirimido la competencia en cabeza del legislador para el establecimiento, modificación, adición o creación de procedimientos judiciales, en razón de la cláusula general de competencia en materia de códigos y procedimientos establecido en el numeral 2 del artículo 150 de la Constitución.

En la Sentencia C-031 de 2019 se dijo, reiterando números fallos anteriores que,

*"El Legislador puede definir las reglas mediante las cuales se deberá adelantar cada proceso, que incluyen, entre otras cosas, la posibilidad de (i) fijar nuevos procedimientos, (ii) determinar la naturaleza de actuaciones judiciales, (iii) eliminar etapas procesales, (iv) establecer las formalidades que se deben cumplir, (v) disponer el régimen de competencias que le asiste a cada autoridad, (vi) consagrar el sistema de publicidad de las actuaciones, (vii) establecer la forma de vinculación al proceso, (viii) fijar los medios de convicción de la actividad judicial, (ix) definir los recursos para controvertir lo decidido y, en general, (x) instituir los deberes, obligaciones y cargas procesales de las partes. Como se observa, esta función le otorga al legislativo la posibilidad de privilegiar determinados modelos de procedimiento o incluso de prescindir de etapas o recursos en algunos de ellos".*

El artículo 13 del Código General del Proceso establece que *"las normas procesales son de orden público y, por consiguiente, de obligatorio cumplimiento, y en ningún caso podrán ser derogadas, modificadas o sustituidas por los funcionarios o particulares, salvo autorización expresa de la ley".*

Así, resultó indispensable expedir normas destinadas a que los procesos se puedan tramitar, en la mayoría de los casos virtualmente y con ello garantizar el acceso a la administración de justicia, el derecho a la salud y al trabajo de los servidores judiciales, litigantes y usuarios, que por la situación de aislamiento decretada desde el 27 de marzo de 2020 a través de los Decretos 457, 531, 593, 636, 689, 749 de 2020, han generado no pocos conflictos sociales de diferentes características que evidenciaron la necesidad de una pronta regulación para que puedan ser resueltos por las autoridades judiciales en materia laboral, la suspensión de los contratos laborales, su modificación y los despidos injustificados; en materia contencioso administrativo, asuntos relacionados con acciones populares por vulneración a derechos colectivos o controversias contractuales por incumplimiento de contratos estatales; y en materia civil, demandas sobre contratos comerciales; y en familia, asuntos relacionados con el derecho de sucesiones.

La virtualización de la justicia resuelve en parte la agonía de los abogados litigantes de a pie, cuyo sustento de él y de su familia es el litigio diario y de los abogados de "cartel" que indudablemente son afectados gravemente sus ingresos y descompensados sus gastos, repercutiendo tanto en su familia como en las personas que por cualquier circunstancia los rodean y de ellos viven, pues no se puede desconocer que estos son fuentes de trabajo.

Resultó entonces, necesario e improrrogable para el gobierno, tomar medidas que permitan la reanudación de la prestación del servicio esencial de la justicia y evitar la propagación de los graves efectos sociales y económicos que está generando su cierre parcial, pues su prestación efectiva es el vehículo para garantizar la paz, la efectividad de los derechos y la seguridad jurídica, amén del hecho de que, de su funcionamiento depende la subsistencia de los abogados litigantes y su entorno.

Teniendo entonces en consideración el gobierno nacional, que muchas de las disposiciones procesales impiden o dejan al arbitrio el trámite de algunas actuaciones de manera virtual, resultó necesario crear herramientas que lo exijan y lo permitan para hacer frente a la crisis, adecuándolas a la praxis que por emergencia de se debe adoptar en un sistema que nació de la necesidad, pero seguramente para quedarse si todos nos proponemos, pues es indudable que, grandes son sus beneficios.

Dicen los considerandos del Decreto que:

*"A pesar de que el Consejo Superior de la Judicatura adoptó las referidas medidas administrativas para viabilizar el trámite de ciertas actuaciones judiciales de manera virtual, lo cierto es que estas normas limitan esa posibilidad, lo cual hace necesario y urgente la expedición de un marco normativo que establezca reglas procesales de obligatorio cumplimiento para las autoridades judiciales y los sujetos*

procesales, de modo que tales actuaciones efectivamente se puedan llevar a cabo por medios virtuales.

"Que igualmente, es importante crear disposiciones que agilicen el trámite de los procesos judiciales y permitan la participación de todos los sujetos procesales, contrarrestando la congestión judicial que naturalmente incrementó la suspensión de los términos judiciales ordenada por el Consejo Superior de la Judicatura con fundamento en la emergencia sanitaria.

"Que por lo anterior, es necesario crear un marco normativo que se compadezca con la situación actual que vive el mundo y especialmente Colombia, que. perdure durante el estado de emergencia sanitaria, y que establezca un término de transición mientras se logra la completa normalidad y aplicación de las normas ordinarias.

"Que este marco normativo procurará que por regla general las actuaciones judiciales se tramiten a través de medios virtuales y excepcionalmente de manera presencial. Por lo que se debe entender que las disposiciones de este decreto complementan las normas procesales vigentes, las cuales seguirán siendo aplicables a las actuaciones no reguladas en este decreto.

"Que de igual manera la OCDE, en el documento "Impact of COVID-19 on Access to Justice", recomendó diferentes medidas para viabilizar el acceso a la administración de justicia en tiempos de pandemia, entre estas la implementación de la tecnología en los procesos judiciales para su agilización (ver "Lesson eight: Technology servicing people").

"Que este marco normativo debe garantizar el derecho fundamental de acceso a la administración de justicia en condiciones de igualdad, al respecto, la Honorable Corte Constitucional en Sentencia C-426 de 2020, reiterada en la Sentencia T-421 de 2018, indicó que este derecho implica *"la posibilidad reconocida a todas las personas residentes en Colombia de poder acudir en condiciones de igualdad ante los jueces y tribunales de justicia, para propugnar por la integridad del orden jurídico y por la debida protección o el restablecimiento de sus derechos e intereses legítimos, con estricta sujeción a los procedimientos previamente establecidos y con plena observancia de las garantías sustanciales y procedimentales previstas en las leyes"*.

"Que igualmente debe proteger el derecho fundamental a la salud de los servidores públicos y de los usuarios de la justicia, y en los casos en que sea necesario acudir a las instalaciones judiciales se haga con el cumplimiento de todas las medidas de bioseguridad fijadas por el Ministerio de Salud y Protección Social, el Consejo Superior de la Judicatura, los centros de arbitraje y las Entidades Públicas con funciones jurisdiccionales.

Cfr.: Decreto 806 de 2020

*"Que por lo anterior el presente decreto tiene por objeto adoptar medidas: i) para agilizar los procesos judiciales, en razón a que, por la larga suspensión de términos judiciales y las medidas de aislamiento, se originaron diversos conflictos, los cuales incrementarán la litigiosidad en todas las áreas del derecho (laboral, civil, comercial, agrario, familia, contencioso administrativo), a esto se debe sumar la congestión judicial que existía previamente a la declaratoria de emergencia, situaciones que amenazan el derecho de acceso a la administración de justicia de la ciudadanía y a alcanzar la justicia material; ii) para el uso de las tecnologías de la información y las comunicaciones en el trámite de los procesos judiciales ante la*

*jurisdicción ordinaria en las especialidades civil, laboral y familia; la jurisdicción de lo contencioso administrativo; la jurisdicción constitucional y disciplinaria; así como, ante las autoridades administrativas que ejerzan funciones jurisdiccionales; y en los procesos arbitrales; con el fin de que los procesos no se vean interrumpidos por las medidas de aislamiento y garantizar el derecho a la salud de los usuarios de la justicia y de los servidores judiciales, iii) para flexibilizar la atención a los usuarios de los servicios de justicia, de modo que se agilice en la mayor medida posible la reactivación de la justicia, lo que a su vez permitirá la reactivación de las actividades económicas que dependen de ella, tales como la representación judicial que ejercen los abogados litigantes y sus dependientes.*

*"Que estas medidas se aplicarán al proceso arbitral y a los que se tramiten ante entidades públicas con funciones jurisdiccionales, sin perjuicio de lo ya señalado por el Decreto 491 de 2020 y por las reglas de procedimiento previstas en sus reglamentos y leyes especiales.*

*"Que estas medidas, se adoptarán en los procesos en curso y los que se inicien luego de la expedición de este decreto.*

*"Que dado que en muchos lugares del país las personas e inclusive las autoridades judiciales no pueden acceder a las tecnologías de la información y las comunicaciones, las medidas que se disponen en este decreto se aplicarán solamente a los procesos en que los cuales los sujetos procesales y la autoridades judiciales cuenten con estos medios, de lo contrario, el servicio de justicia deberá prestarse de forma presencial, siempre que sea posible y se ajuste a las disposiciones que sobre el particular dicten el Ministerio de Salud, el Consejo Superior de la Judicatura, los Centros de Arbitraje y las Entidades Públicas con funciones juris-diccionales.*

*"Que con el fin de que a los usuarios de la justicia se les facilite el acceso a las tecnologías de la información y las comunicaciones se dispone que los municipios y personerías, y otras entidades públicas en la medida de sus posibilidades, les presten toda su colaboración.*

"Que los medios tecnológicos se utilizarán para todas las actuaciones judiciales, como presentación de la demanda, contestación de la demanda, audiencias, notificaciones, traslados, alegatos, entre otras.

"Que con el fin de agilizar el proceso y utilizar las tecnologías de la información y las comunicaciones se establece que el demandante al presentar la demanda, simultáneamente deberá enviar por medio electrónico copia de ella y de sus anexos a los demandados y del mismo modo deberá proceder cuando al inadmitirse la demanda presente el escrito de subsanación.

"Que para facilitar el trámite de los traslados, se establece que cuando una parte acredite haber enviado un escrito del cual deba correrse traslado a los demás sujetos procesales, mediante la remisión de la copia por correo o medio electrónico, se prescindirá del traslado por secretaria, el cual se entenderá realizado a los dos (2) días hábiles siguientes al del envío del mensaje y el término respectivo empezará a correr a partir del día siguiente.

"Que con el fin de agilizar los procesos y facilitar el trámite de las audiencias virtuales, se establece que a las audiencias y diligencias, que se deban adelantar por la sala de una corporación, deben concurrir solamente la mayoría de. los magistrados que integran la sala.

"Que con este mismo fin se establece que los emplazamientos para notificación personal se realizarán únicamente en el registro nacional de personas emplazadas, sin necesidad de publicación en un medio escrito, con lo cual se agilizará el trámite de esta notificación.

"Que se regula la segunda instancia en materia civil y familia para que esta se pueda tramitar, en los casos en que no se decreten pruebas en segunda instancia, sin que tenga que adelantarse la audiencia para la sustentación del recurso, y por el contrario la sustentación, su traslado y sentencia se hará a través de documentos aportados por medios electrónicos. Igualmente, en laboral se establece que la segunda instancia se pueda adelantar sin la audiencia para alegatos *de conclusión y sentencia, estas actuaciones se podrán hacer mediante documentos electrónicos.*

*"Que en materia contencioso administrativo se establece la posibilidad de resolver las excepciones previas antes de la audiencia inicial, y las que requieran la práctica de prueba se estudiarán en la audiencia inicial, con lo cual se impedirá que el juez, como ocurre actualmente, tenga que suspender la audiencia inicial para practicar pruebas. Esta medida colaborara a que la virtualidad en la audiencia inicial sea más efectiva y si el proceso termina por la configuración de una excepción previa decidida antes de la audiencia no haya tenido que adelantarse esta.*

*"Que para la jurisdicción de lo contencioso administrativo se establece la posibilidad de proferir sentencia anticipada cuando se trate de asuntos de puro derecho o no fuere necesario practicar pruebas; cuando las partes o sus apoderados de común acuerdo lo soliciten; cuando se encuentre probada la cosa juzgada, la transacción, la caducidad, la conciliación, la prescripción extintiva y la falta de legitimación en la causa, y en caso de allanamiento de conformidad con el artículo 176 de la Ley 1437 de 2011. Con esta medida los jueces administrativos podrán culminar aquellos procesos que se encuentran en los supuestos de hecho señalados y se evitará adelantar la audiencia inicial, de pruebas y/o la de instrucción y juzgamiento, circunstancia que agilizará la resolución de los procesos judiciales y procurará la justicia material.*

*"Que es necesario dar un término prudencial para la reanudación de los términos legales o judiciales, para que los sujetos procesales puedan cumplir con los actos procesales que se interrumpieron o no se pudieron realizar por la suspensión de términos judiciales, se garantice el ejercicio de los derechos y se evite la aglomeración de personas en los despachos judiciales una vez se levante la suspensión de términos judiciales por parte del Consejo Superior de la Judicatura.*

*"Que estas disposiciones garantizarán el derecho de acceso a la administración de justicia, defensa y seguridad jurídica de las partes y además el derecho a la salud de los servidores judiciales y de los*

*usuarios de justicia porque evitará situaciones en las que se torne imposible el ejercicio de los derechos y el acceso a la justicia, teniendo en cuenta las medidas de aislamiento. Adicionalmente, como quedó expuesto, las medidas que se adoptan pretenden la flexibilización de la atención al usuario de los servicios de justicia y la pronta reactivación de las actividades económicas que dependen de este. "*

INDICE

## Reforma tácita a la ley procesal

Por estas razones, el decreto <u>806</u> de 2020, interpretando una sentida aspiración tecnológica y haciendo eco a la situación de emergencia sanitaria y la necesidad que tiene la sociedad de obtener una justicia rápida y eficiente, decreto:

*"**Artículo 1. Objeto**. Este decreto tiene por objeto implementar el uso de las tecnologías de la información y las comunicaciones en las actuaciones judiciales y agilizar el trámite de los procesos judiciales ante la jurisdicción ordinaria en las especialidades civil, laboral, familia, jurisdicción de lo contencioso administrativo, jurisdicción constitucional y disciplinaria, así como, las actuaciones de las autoridades administrativas que ejerzan funciones jurisdiccionales y en los procesos arbitrales, durante el término de vigencia del presente decreto. Adicionalmente, este decreto pretende flexibilizar la atención a los usuarios del servicio de justicia y contribuir a la pronta reactivación de las actividades económicas que dependen de este.*

***Parágrafo.** En aquellos eventos en que los sujetos procesales o la autoridad judicial no cuenten con los medios tecnológicos para cumplir con las medidas establecidas en el presente decreto o no sea necesario acudir a aquellas, se deberá prestar el servicio de forma presencial, siempre que sea posible y se ajuste a las disposiciones que sobre el particular dicten el Ministerio de Salud y Protección Social, el Consejo Superior de la Judicatura, los Centros de Arbitraje y las entidades con funciones jurisdiccionales.*

*Los sujetos procesales y la autoridad judicial competente deberán manifestar las razones por las cuales no pueden realizar una actuación judicial específica a través de las tecnologías de la información y las comunicaciones de lo cual se dejará constancia en el expediente y se realizará de manera presencial en los términos del inciso anterior."*

Cfr. Decreto <u>806</u> de 2020

Aun cuando este decreto tiene vigencia por dos años, los abogados litigantes y seguramente los funcionarios solicitarán su permanencia en razón seguramente al gran éxito de este ensayo que en realidad era esperado y lo necesita definitivamente el mundo jurídico, pues indudablemente pasaremos la prueba con gran éxito, como hasta ahora se vislumbra en no pocos miembros de la rama que lo están aplicado con dedicación y entusiasmo.

INDICE

## Uso de la tecnología

*Artículo 2. Uso de las tecnologías de la Información y las comunicaciones. Se deberán utilizar las tecnologías de la información y de las comunicaciones en la gestión y trámite de los procesos judiciales y asuntos en curso, con el fin de facilitar y agilizar el acceso a la justicia, como también proteger a los servidores judiciales, como a los usuarios de este servicio público.*

*Se utilizarán los medios tecnológicos para todas las actuaciones, audiencias y diligencias y se permitirá a los sujetos procesales actuar* en los procesos o trámites a través de los medios digitales disponibles, evitando exigir y cumplir formalidades presenciales o similares, que no sean estrictamente necesarias. Por tanto, las actuaciones no requerirán de firmas manuscritas o digitales, presentaciones personales o autenticaciones adicionales, ni incorporarse o presentarse en medios físicos.

Las autoridades judiciales darán a conocer en su página web los canales oficiales de comunicación e información mediante los cuales prestarán su servicio, así como los mecanismos tecnológicos que emplearán.

En aplicación de los convenios y tratados internacionales se prestará especial atención a las poblaciones rurales y remotas, así como a los grupos étnicos y personas con discapacidad que enfrentan barreras para el acceso a las tecnologías de la información y las comunicaciones, para asegurar que se apliquen criterios de accesibilidad y se establezca si se requiere algún ajuste razonable que garantice el derecho a la administración de justicia en igualdad de condiciones con las demás personas.

**Parágrafo 1.** Se adoptarán todas las medidas para garantizar el debido proceso, la publicidad y el derecho de contradicción en la aplicación de las tecnologías de la información y de las comunicaciones. Para el efecto, las autoridades judiciales procurarán la efectiva comunicación virtual con los usuarios de la administración de justicia y adoptarán las medidas pertinentes para que puedan conocer las decisiones y ejercer sus derechos.

**Parágrafo 2.** Los municipios, personerías y otras entidades públicas, en la medida de sus posibilidades, facilitarán que los sujetos procesales puedan acceder en sus sedes a las actuaciones virtuales.

No sería entendible para una sociedad que aboga por su modernización dar un paso tan importante para la tecnificación de nuestra justicia, para luego dar un paso atrás sin continuar con la herencia que la emergencia no esperada nos proporciona y que hoy ya empieza a verse en sus resultados.

La utilización de los medios tecnológicos de la comunicación no es optativa sino obligatoria en la gestión y tramite de procesos judiciales facilitando y agilizando el acceso a la justifica y como una forma de protección tanto para los servidores judiciales como para los usuarios.

En otrora, la utilización de estos medios era optativa dando como resultado la desidia en su atención y la falta de interés de los litigantes, despreciando un medio rápido, fácil y seguro. Pero hoy en día se han aclimatado estos sentimientos y se está dado lo mejor de cada uno.

El portal del Consejo Superior de la Judicatura, por ser una herramienta con multiplicidad de funciones, se torna un poco dificultosa para buscar lo que el litigante necesita para con éxito intervenir en el proceso virtual que a buena hora propone la ley, pero se critica su lentitud y a veces su dificultad para el acceso, lo que seguramente irá mejorando con el tiempo.

INDICE

**_Práctica de la Tecnología_**

Dos son los pasos que principalmente y con claridad debe entender el abogado litigante, pues los funcionarios, aun cuando muchos lo están haciendo a su manera, existen ejemplos de excelente eficiencia como consecuencia seguramente de su capacitación.

El primer paso, corresponde a la entrada a la página del Consejo Superior de la Judicatura, el cual se efectúa al hacer clic en el siguiente hipervínculo:

https://www.ramajudicial.gov.co/

Una vez, se tenga la página web del Consejo, encontrara una columna con el título de "CONSULTAS FRECUENTES" encontrando un listado vertical de servicios y de las entidades que desea visitar.

Si como ejemplo Ud. busca un juzgado del Circuito, encontrará un sub-listado, asi:

- Juzgados Civiles del Circuito
- Juzgados de Familia del Circuito
- Juzgados Laborales del Circuito
- Juzgados Penales del Circuito
- Juzgados Penales Especializados
- Juzgados Penales de Extinción de Dominio
- Juzgados Promiscuos del Circuito
- Juzgados Promiscuos de Familia

Si se tratara de un Juzgado Civil del Circuito, al hacer clic sobre □ Juzgados Civiles del Circuito le abrirá un menú sobre localización geográfica.

Habiendo determinado el punto geográfico del Despacho al cual se quiere acceder, le abrirá un menú que le indica el número de Juzgados que se encuentren en esa zona del país.

**Dirección Seccional**

**Consejo Seccional**

- **JUZGADO 001 CIVIL DEL CIRCUITO DE BOGOTÁ**
- **JUZGADO 002 CIVIL DEL CIRCUITO DE BOGOTÁ**
- **JUZGADO 003 CIVIL DEL CIRCUITO DE BOGOTÁ**
- **JUZGADO 004 CIVIL DEL CIRCUITO DE BOGOTÁ**
- **JUZGADO 005 CIVIL DEL CIRCUITO DE BOGOTÁ**

Etc....

Determine el Despacho de su proceso y haga clic sobre él obteniendo inmediatamente una página encabezada por el Juzgado Solicitado y encontrando las siguientes opciones:

# PUBLICACIÓN CON EFECTOS PROCESALES

- Autos
- Avisos
- Comunicaciones
- Cronograma de audiencias
- Estados Electrónicos

- Fallos de Tutela
- Entradas al Despacho
- Lista de procesos Art. 124
- Procesos al Despacho para Sentencia
- Traslados Especiales y Ordinarios
- Notificaciones
- **Oficios**
- Edictos

En este momento, y mientras los funcionarios se acomodan al nuevo esquema, funciona lo relativo a la entradas al despacho, los traslados, los estados electrónico y con estos, el texto de la providencia dictada en ese momento procesal.

Sin embargo, este submenú nos indica la potencialidad que en un futuro tendrá esta herramienta y la gran utilidad que beneficiará al abogado litigante.

 Ya dentro del Despacho seleccionado encontrara entre otros el "estado electrónico", su número, la fecha de la previdencia, la fecha del estado y las providencias dictadas en los procesos a los que se refiere el Estado.

ESTADO 032 (ELECTRONICO 01)

| ESTADO | FECHA PROVIDENCIAS | FECHA DE ESTADO | PROVIDENCIAS |
|---|---|---|---|
| ESTADO NO 032 | 16 DE MARZO DE 2020 | 19 DE JUNIO | PROVIDENCIAS DEL ESTADO NO 032 |

| (ELECTRON ICO 01) | | DE 2020 | (ELECTRONICO 01) |
|---|---|---|---|
| | | | |

Aquí Ud. podrá guardar el "Estado Electrónico" en la carpeta de su proceso y abrir la providencia esperada y que notifica tal estado, la cual en la misma forma podrá ser bajada y hacer parte de la carpeta de su proceso.

Es de advertir que en la actualidad no se encuentra sistematizados todos los juzgados de la Republica, como tampoco todas las opciones de información programadas, pero confiemos que el Consejo Superior de la Judicatura sabrá responder a lo sorpresivo de la emergencia.

INDICE

## *Deberes de los Sujetos Procesales*

*Artículo 3. Deberes de los sujetos procesales en relación con las tecnologías de la información y las comunicaciones. Es deber de los sujetos procesales realizar sus actuaciones y asistir a las audiencias y diligencias a través de medios tecnológicos. Para el efecto deberán suministrar a la autoridad judicial competente, y a todos los demás sujetos procesales, los canales digitales elegidos para los fines del proceso o trámite y enviar a través de estos un ejemplar de todos los memoriales o actuaciones que realicen, simultáneamente con copia incorporada al mensaje enviado a la autoridad judicial. "*

*"Identificados los canales digitales elegidos, desde allí se originarán todas las actuaciones y desde estos se surtirán todas las notificaciones, mientras no se informe un nuevo canal. Es deber de los sujetos procesales, en desarrollo de lo previsto en el artículo 78 numeral 5 del Código General del Proceso, comunicar cualquier cambio de dirección o medio electrónico, so pena de que las notificaciones se sigan surtiendo válidamente en la anterior."*

Todos los sujetos procesales cumplirán los deberes constitucionales y legales para colaborar solidariamente con la buena marcha del servicio público de administración de justicia. La autoridad judicial competente adoptará las medidas necesarias para garantizar su cumplimiento.

Los sujetos procesales están en el deber de asistir conectándose a las audiencias o diligencias procesales programadas. Para tal efecto dice la ley que deberán suministrar a la autoridad judicial competente, y a todos los demás sujetos procesales, los canales digitales elegidos para los fines del proceso o trámite. Además, deberá enviar a través de estos un ejemplar de todos los memoriales o actuaciones que realicen, simultáneamente con copia incorporada al mensaje enviado a la autoridad judicial.

Identificados los canales digitales elegidos con la anuencia del Juez, desde allí se originarán todas las actuaciones y desde estos se surtirán todas las notificaciones, mientras no se informe un nuevo canal, especialmente en el cruce de solicitudes y respuestas de las partes.

Aun cuando algunos juzgados, exigen el envío de la demanda al demandado, creemos que la obligación del envío de este primer documento, empieza con la notificación al demandado que es el acto mediante el cual se integra el contradictorio, siendo a partir de la contestación en donde se informa al juez y a la parte demandante el canal por donde la contraparte va a recibir notificaciones.

Exigir el envío de la demanda al demandante sin haberse notificado, es atentar contra la estrategia del demandante en especial, cuando de solicitar medidas ejecutivas se trata. Por otro lado, el demandado no es sujeto procesal antes de su respectiva notificación y la identificación del canal digital que usará el demandado y que avala el juez, se conoce por lógica después de su notificación y contestación de la demanda.

Es deber de los sujetos procesales, en desarrollo de lo previsto en el artículo 78 numeral 5 del Código General del Proceso, comunicar cualquier cambio de dirección o medio electrónico, so pena de que las notificaciones se sigan surtiendo válidamente en la anterior, suponiendo el cumplimiento de los deberes constitucionales y legales para colaborar solidariamente con la buena marcha del servicio público de administración de justicia.

INDICE

## De los Expedientes - Poderes

**Artículo 4. Expedientes**. *Cuando no se tenga acceso al expediente físico en la sede judicial, tanto la autoridad judicial como los demás sujetos procesales colaborarán proporcionando por cualquier medio las piezas procesales que se encuentren en su poder y se requieran para desarrollar la actuación subsiguiente. La autoridad judicial, directamente o a través del secretario o el funcionario que haga sus veces, coordinará el cumplimiento de lo aquí previsto.*

*Las autoridades judiciales que cuenten con herramientas tecnológicas que dispongan y desarrollen las funcionalidades de expedientes digitales de forma híbrida podrán utilizarlas para el cumplimiento de actividades procesales.*

El Expediente virtual es el Conjunto de documentos relacionados con un mismo trámite o procedimiento administrativo, conservados en diferentes sistemas electrónicos o de información, que se pueden visualizar simulando un **expediente** electrónico, pero no puede ser gestionado archivísticamente, hasta que no sean unificados ...

**También se tendrá como Expediente** electrónico de **archivo al** Conjunto de documentos y actuaciones electrónicos producidos o recibidos durante el desarrollo de un mismo trámite o procedimiento, acumulados por cualquier causa legal, pero interrelacionados y vinculados entre lo que mantiene la integridad y orden dado durante el desarrollo del asunto, archivos que se encuentran en una carpeta determinada, cuya principal la tiene el juzgado y las copias pertinentes, las partes

**Artículo 5. Poderes.** *Los poderes especiales para cualquier actuación judicial se podrán conferir mediante mensaje de datos, sin firma manuscrita o digital, con la sola antefirma, se presumirán auténticos y no requerirán de ninguna presentación personal o reconocimiento.*

*En el poder se indicará expresamente la dirección de correo electrónico del apoderado que deberá coincidir con la inscrita en el Registro Nacional de Abogados.*

*Los poderes otorgados por personas inscritas en el registro mercantil, deberán ser remitidos desde la dirección de correo electrónico inscrita para recibir notificaciones judiciales.*

Lo novedoso de esta norma es la abolición del obligatorio requisito de autenticación de los poderes, la cual fue duramente criticada por cuanto al parecer atentaba contra el derecho a la "buena fe" en cabeza de la persona que lo presenta y del apoderado que lo acepta.

Los medios tecnológicos cumplen hoy con este requisito de autenticidad como consecuencia del personalísimo uso del email y la fácil identificación que estos archivos proporcionan en caso de discusión sobre la originalidad del remitente.

## De la Demanda

**Artículo 6. Demanda**. *La demanda indicará el canal digital donde deben ser notificadas las partes, sus representantes y apoderados, los testigos, peritos y cualquier tercero que deba ser citado al proceso, so pena de su inadmisión. Asimismo, contendrá los anexos en medio electrónico, los cuales corresponderán a los enunciados y enumerados en la demanda.*

*Las demandas se presentarán en forma de mensaje de datos, lo mismo que todos sus anexos, a las direcciones de correo electrónico que el Consejo Superior de la Judicatura disponga para efectos del reparto, cuando haya lugar a este.*

*De las demandas y sus anexos no será necesario acompañar copias físicas, ni electrónicas para el archivo del juzgado, ni para el traslado.*

*En cualquier jurisdicción, incluido el proceso arbitral y las autoridades administrativas que ejerzan funciones jurisdiccionales, salvo cuando se soliciten medidas cautelares previas o se desconozca el lugar donde recibirá notificaciones el demandado, el demandante, al presentar la demanda, simultáneamente deberá enviar por medio electrónico copia de ella y de sus anexos a los demandados. Del mismo modo deberá proceder el demandante cuando al inadmitirse la demanda presente el escrito de subsanación. El secretario o el funcionario que haga sus veces velará por el cumplimiento de este deber, sin cuya acreditación la autoridad judicial inadmitirá la demanda.*

*De no conocerse el canal de digital de la parte demandada, se acreditará con la demanda el envío físico de la misma con sus anexos.*

*En caso de que el demandante haya remitido copia de la demanda con todos sus anexos al demandado, al admitirse la demanda la notificación personal se limitará al envío del auto admisorio al demandado.*

Quiere decir lo anterior que, para presentar la demanda, solo debe establecerse el Juzgado que se encuentre de Reparto y su email, y enviarse en formato electrónico que no permita su manipulación, siendo el más usado los archivos .PDF para la demanda y sus anexos y los archivos .jpg para las imágenes. En el archivo del litigante deberá quedar el original enviado en donde constará la fecha de su elaboración. Hay sistemas que dejan huella no solamente de la fecha de su elaboración sino la de su envío, amén de hacer constar el nombre de la persona o entidad remitente y destinatario, la fecha de su recibo la cual también se puede establecer en el correo electrónico utilizado.

El sistema deberá indicar en forma clara, el juzgado en que se encuentra de reparto en el momento de la consulta.

Se descartan las copias para el archivo de juzgado y para surtir el correspondiente traslado a las cuales estábamos acostumbrados, bastando solo el archivo de la demanda con sus anexos enviados al juzgado y al demandado, si no se tratare de demandas con medidas preventivas.

Las pruebas deben enviarse en imágenes del documento, debidamente enunciadas y numerados sus archivos en la demanda, pruebas que deben conservarse para presentarse en el momento que el juez o la parte así lo requiera y deben coincidir con las descritas y enumeradas en la demanda

Deberá incluirse el nombre completo y el email de todas las personas que se soliciten comparecer, so pena de inadmisión de la demanda pues es el juzgado es el encargo de realizar las citaciones correspondientes definiendo si se requiere su presencia o su intervención virtual.

Salvo cuando se soliciten medidas cautelares, será el demandante el encargado de enviar las copias de la demanda y sus anexos al demandado. En la misma forma en caso de inadmisión con el escrito de corrección y la prueba nueva que se adjunte. El demandante debe incluir la prueba del envío de la demanda y sus anexos al demandado, de lo cual será el Secretario que dará la constancia de este hecho, pudiéndose a la vez enviar la demanda al Juzgado de Reparto con copia del demandado y a los sujetos obligados a comparecer.

En la práctica deberá enviarse la demanda en un solo correo dirigido al Juzgado y a los demandados si no se solicitan medidas cautelares.

Al no acreditarse el envío de estos documentos por email por desconocerlo, se debe notificar en la forma tradicional enviando por correo copia de la demanda y sus documentos, pero tal envío debe ser preliminar a la presentación de la demanda, la cual deberá ir con la constancia de su notificación para poder ser admitida, salvo en el evento de la presentación simultanea de medidas cautelares.

Habiéndose realizado previamente la notificación de la demanda cuando no se piden medidas previas, el juzgado notificara al demandado únicamente sobre la admisión de la demanda.

INDICE

## De las Audiencias

*Artículo 7. Audiencias. Las audiencias deberán realizarse utilizando los medios tecnológicos a disposición de las autoridades judiciales o por cualquier otro medio puesto a disposición por una o por ambas partes y en ellas deberá facilitarse y permitirse la presencia de todos los sujetos procesales, ya sea de manera virtual o telefónica. No se requerirá la autorización de que trata el parágrafo 2o del artículo 107 del Código General del Proceso.*

*No obstante, con autorización del titular del despacho, cualquier empleado podrá comunicarse con los sujetos procesales, antes de la realización de las audiencias, con el fin de informarles sobre la herramienta tecnológica que se utilizará en ellas o para concertar una distinta.*

*Parágrafo. Las audiencias y diligencias que se deban adelantar por la sala de una corporación serán presididas por el ponente, y a ellas deberán concurrir la mayoría de los magistrados que integran la sala, so pena de nulidad.*

Mediante el uso de los medios tecnológicos a disposición de las autoridades judiciales o por cualquier otro medio puesto a disposición por una o por ambas partes del cual será previamente informado a las partes y que permitan la presencia virtual de los sujetos procesales, se deben realizar las audiencias sin tener en cuenta la autorización que exige el Articulo 107 del Código General del Proceso, pudiendo permitir en la misma forma la intervención vía telefónica si el sistema permitiera el uso de alta voz.

En las audiencias y diligencias de cuerpos colegiados que se deban adelantar por la sala de una corporación serán presididas por el ponente, y a ellas deberán concurrir la mayoría de los magistrados que integran la sala, so pena de nulidad.

No obstante, la Corte Constitucional al estudiar de fondo el proyecto de **Ley Estatutaria 295 de 2020 Cámara – 475 de 2021 Senado, que reforma la Ley Estatutaria de Administración de Justicia, decidió que, en** cuanto a las audiencias de justicia civil, de familia y contenciosa administrativa **será el juez quien decida si los compromisos se realizan de manera virtual o presenci**al, pero la Corte determinó que el juicio oral de la materia penal, **deberá hacerse obligatoriamente de manera presencial.**

# De las Notificaciones Personales

***Artículo 8. Notificaciones personales****. Las notificaciones que deban hacerse personalmente también podrán efectuarse con el envío de la providencia respectiva como mensaje de datos a la dirección electrónica o sitio que suministre el interesado en que se realice la notificación, sin necesidad del envío de previa citación o aviso físico o virtual. Los anexos que deban entregarse para un traslado se enviarán por el mismo medio.*

*El interesado afirmará bajo la gravedad del juramento, que se entenderá prestado con la petición, que la dirección electrónica o sitio suministrado corresponde al utilizado por la persona a notificar, informará la forma como la obtuvo y allegará las evidencias correspondientes, particularmente las comunicaciones remitidas a la persona por notificar.*

*La notificación personal se entenderá realizada una vez transcurridos dos días hábiles siguientes al envío del mensaje y los términos empezarán a correr a partir del día siguiente al de la notificación.*

*Para los fines de esta norma se podrán implementar o utilizar sistemas de confirmación del recibo de los correos electrónicos o mensajes de datos.*

*Cuando exista discrepancia sobre la forma en que se practicó la notificación, la parte que se considere afectada deberá manifestar bajo la gravedad del juramento, al solicitar la declaratoria de nulidad de lo actuado, que no se enteró de la providencia, además de cumplir con lo dispuesto en los artículos 132 a 138 del Código General del Proceso.*

*__Parágrafo 1.__ Lo previsto en este artículo se aplicará cualquiera sea la naturaleza de la actuación, incluidas las pruebas extraprocesales o del proceso, sea este declarativo, declarativo especial, monitorio, ejecutivo o cualquiera otro.*

*__Parágrafo 2.__ La autoridad judicial, de oficio o a petición de parte, podrá solicitar información de las direcciones electrónicas o sitios de la parte por notificar que estén en las Cámaras de Comercio, superintendencias, entidades públicas o privadas, o utilizar aquellas que estén informadas en páginas Web o en redes sociales.*

Las notificaciones que deban hacerse personalmente, consagra la norma que también podrán efectuarse con el envío de la providencia respectiva como mensaje de datos a la dirección electrónica o sitio que suministre el interesado en que se realice la notificación, sin necesidad del envío de previa citación o aviso físico o virtual. En la misma forma los anexos que deban entregarse para un traslado se enviarán por el mismo medio mediante el cual se realizaron las anteriores notificaciones.

Para los efectos pertinentes, el interesado afirmará bajo la gravedad del juramento, que se entenderá prestado con la petición, que la dirección electrónica o sitio suministrado corresponde al utilizado por la persona a notificar, informará la forma como la obtuvo y allegará las evidencias correspondientes, particularmente las comunicaciones remitidas a la persona por notificar. En caso de duda el Secretario debe verificar que el correo no rebote y en lo posible que efectivamente es recibido por el destinatario, pudiéndose exigir en caso de duda el envío tradicional certificado en aras a preservar el derecho de defensa de la parte.

La notificación personal se entenderá realizada una vez transcurridos dos días hábiles siguientes al envío del mensaje y los términos empezarán a correr a partir del día siguiente al de la notificación, pero deberán implementarse o utilizar sistemas de confirmación del recibo de los correos electrónicos o mensajes de datos.

Sin embargo, cuando exista discrepancia sobre la forma en que se practicó la notificación, la parte que se considere afectada deberá manifestar bajo la gravedad del juramento, al solicitar la declaratoria de nulidad de lo actuado, que no se enteró de la providencia, además de cumplir con lo dispuesto en los artículos 132 a 138 del Código General del Proceso.

Es de anotar que, lo anotado y previsto en el artículo 8º del Decreto 806 de 2020 se aplica a cualquiera que sea la naturaleza de la actuación, incluidas las pruebas extraprocesales o del proceso, cualquiera que sea su finalidad o naturaleza.

Para los fines pertinentes, y con relación a la prelación del derecho sustancial y la protección del "debido proceso" y el "derecho de defensa", la autoridad judicial, de oficio o a petición de parte, solicitara información de las direcciones electrónicas o sitios de la parte por notificar que se encuentren registradas en las Cámaras de Comercio, Superintendencias, entidades públicas o privadas, así como la información que produzca el uso y consulta de los buscadores web que incluiría las redes sociales.

INDICE

## Notificaciones por Estado

*Artículo 9. Notificación por estado y traslados. Las notificaciones por estado se fijarán virtualmente, con inserción de la providencia, y no será necesario imprimirlos, ni firmarlos por el secretario, ni dejar constancia con firma al pie de la providencia respectiva.*

*No obstante, no se insertarán en el estado electrónico las providencias que decretan medidas cautelares o hagan mención a menores, o cuando la autoridad judicial así lo disponga por estar sujetas a reserva legal.*

*De la misma forma podrán surtirse los traslados que deban hacerse por fuera de audiencia.*

*Los ejemplares de los estados y traslados virtuales se conservarán en línea para consulta permanente por cualquier interesado.*

*Parágrafo. Cuando una parte acredite haber enviado un escrito del cual deba correrse traslado a los demás sujetos procesales, mediante la remisión de la copia por un canal digital, se prescindirá del traslado por secretaria, el cual se entenderá realizado a los dos (2) días hábiles siguientes al del envío del mensaje y el término respectivo empezará a correr a partir del día siguiente.*

Las notificaciones por estado se fijarán virtualmente, con inserción de la providencia, y en un acto de confianza y autenticidad previamente reconocida, no será necesario imprimirlos, ni firmarlos por el secretario, ni dejar constancia con firma al pie de la providencia respectiva, pero podrán copiarse a la respectiva carpeta del usuario litigante como historial del proceso.

Las providencias que decretan medidas cautelares o hagan mención a menores, o cuando la autoridad judicial así lo disponga por estar sujetas a reserva legal, no serán incluidas en los estados electrónicos, pero para efectos de ejecutoria deberán ser enviaos por email al sujeto procesal extraño a la solicitud que se resuelve.

De la misma forma podrán surtirse los traslados que deban hacerse por fuera de audiencia.

Es necesario aclarar, que los ejemplares de los estados y traslados virtuales se conservarán inmutables en línea para consulta permanente por cualquier interesado y cada juzgado los organizara por Numero, mes y año.

Cuando se acredite haber enviado un escrito del cual debía correrse traslado a los demás sujetos procesales mediante la remisión de la copia por un canal digital, se prescindirá del traslado por secretaria, caso en el cual se entenderá realizado a los dos (2) días hábiles siguientes al del envío del mensaje y el término respectivo empezará a correr a partir del día siguiente.

INDICE

## Del Emplazamiento

*Artículo 10. Emplazamiento para notificación personal. Los emplazamientos que deban realizarse en aplicación del artículo 108 del Código General del Proceso se harán únicamente en el registro nacional de personas emplazadas, sin necesidad de publicación en un medio escrito.*

El Consejo superior de la Judicatura tiene habilitada una página para estos registros por medio de la cual se da cumplimiento a lo ordenado en el artículo 10 del Decreto 806 de 2020, emplazamientos cuyo registro esta cargo a la secretaria del Despacho, dándole así aplicación al artículo 108 del Código General del Proceso y su tácita reforma realizada por este Decreto.

*Artículo 11. Comunicaciones, oficios y despachos. Todas las comunicaciones, oficios y despachos con cualquier destinatario, se surtirán por el medio técnico disponible, como lo autoriza el artículo 111 del Código General del Proceso.*

*Los secretarios o los funcionarios que hagan sus veces remitirán las comunicaciones necesarias para dar cumplimiento a las órdenes judiciales mediante mensaje de datos, dirigidas a cualquier entidad pública, privada o particulares, las cuales se presumen auténticas y no podrán desconocerse siempre que provengan del correo electrónico oficial de la autoridad judicial.*

Esta ordenado perentoriamente que, todas las comunicaciones, oficios y despachos con cualquier destinatario, se surtirán por el medio técnico disponible, como lo autoriza el artículo 111 del Código General del Proceso.

Los secretarios o los funcionarios que hagan sus veces remitirán las comunicaciones necesarias para dar cumplimiento a las órdenes judiciales mediante mensaje de datos, dirigidas a cualquier entidad pública, privada o particulares, las cuales se presumen auténticas y no podrán desconocerse siempre que provengan del correo electrónico oficial de la autoridad judicial.

INDICE

## De las excepciones previas

**Artículo 12. Resolución de excepciones en la jurisdicción de lo Contencioso Administrativo**. *De las excepciones presentadas se correrá traslado por el término de tres (3) días en la forma regulada en el artículo 110 del Código General del Proceso, o el que lo sustituya. En este término, la parte demandante podrá pronunciarse sobre ellas y, si fuere el caso, subsanar los defectos anotados en las excepciones previas.*

*Las excepciones previas se formularán y decidirán según lo regulado en los artículos 100, 101 y 102 del Código General del Proceso. Cuando se requiera la práctica de pruebas a que se refiere el inciso segundo del artículo 101 del citado código, el juzgador las decretará en el auto que cita a la audiencia inicial, y en el curso de esta las practicará. Allí mismo, resolverá las excepciones previas que requirieron pruebas y estén pendientes de decisión.*

*Las excepciones de cosa juzgada, caducidad, transacción, conciliación, falta de legitimación en la causa y prescripción extintiva, se tramitarán y decidirán en los términos señalados anteriormente.*

*La providencia que resuelva las excepciones mencionadas deberá ser adoptada en primera instancia por el juez, subsección, sección o sala de conocimiento. Contra esta decisión procederá el recurso apelación, el cual será resuelto por la subsección, sección o sala del tribunal o Consejo de Estado. Cuando esta decisión se profiera en única instancia por los tribunales y Consejo de Estado se decidirá por el magistrado ponente y será suplicable.*

Si no se acredita el envío a la parte contraria del escrito de excepciones, se correrá traslado por el término de tres (3) días en la forma regulada en el artículo 110 del Código General del Proceso, o el que lo sustituya y la parte demandante podrá pronunciarse sobre ellas y, si fuere el caso, subsanar los defectos anotados en las excepciones previas, notificando de este escrito a su demandado por los medios y en la forma considerados en el Decreto 806 de 2020. Probado el envío del escrito, el demandante deberá pronunciarse en la oportunidad y en el término de ley.

En cuanto a las excepciones previas se formularán y decidirán según lo regulado en los artículos 100, 101 y 102 del Código General del Proceso. No obstante, cuando se requiera la práctica de pruebas a que se refiere el inciso segundo del artículo 101 del citado código, el juez las decretará en el auto que cita a la audiencia inicial, y en el curso de esta las practicará. Allí mismo, es decir en la misma audiencia inicial, resolverá las excepciones previas que requirieron pruebas y estén pendientes de decisión.

Para las excepciones de cosa juzgada, caducidad, transacción, conciliación, falta de legitimación en la causa y prescripción extintiva, se tramitarán y decidirán en los términos señalados anteriormente.

La providencia que resuelva las excepciones mencionadas deberá ser adoptada en primera instancia por el juez, subsección, sección o sala de conocimiento y contra esta decisión procede el recurso apelación, el cual será resuelto por la subsección, sección o sala del tribunal o Consejo de Estado.

Si esta decisión se profiere en única instancia por los tribunales y Consejo de Estado, se decidirá por el magistrado ponente y será suplicable como cualquier auto apelable.

INDICE

**Sentencia anticipada**

**Artículo 13. Sentencia anticipada en lo contencioso administrativo**. *El juzgador deberá dictar sentencia anticipada:*

1. *Antes de la audiencia inicial, cuando se trate de asuntos de puro derecho o no fuere necesario practicar pruebas, caso en el cual correrá traslado para alegar por escrito, en la forma prevista en el inciso final del artículo 181 de la Ley 1437 de 2011 y la sentencia se proferirá por escrito.*

2. *En cualquier estado del proceso, cuando las partes o sus apoderados de común acuerdo lo soliciten, sea por iniciativa propia o por sugerencia del juez. Si la solicitud se presenta en el transcurso de una audiencia, se dará traslado para alegar dentro de ella. Si se hace por escrito, las partes podrán allegar con la petición sus alegatos de conclusión, de lo cual se dará traslado por diez (10) días comunes al Ministerio Público y demás intervinientes. El juzgador rechazará la solicitud cuando advierta fraude o colusión. Si en el proceso intervienen litisconsortes necesarios, la petición, deberá realizarse conjuntamente con estos. Con la aceptación de esta petición por parte del juez, se entenderán desistidos los recursos que hubieren formulado los peticionarios contra decisiones interlocutorias que estén pendientes de tramitar o resolver.*

3. *En la segunda etapa del proceso prevista en el artículo 179 de la Ley 1437 de 2011, cuando encuentre probada la cosa juzgada, la transacción, la conciliación, la caducidad, la prescripción extintiva y la falta de legitimación en la causa. La sentencia se dictará oralmente en audiencia o se proferirá por escrito. En este caso no se correrá traslado para alegar.*

4. *En caso de allanamiento de conformidad con el artículo 176 de la Ley 1437 de 2011.*

El juzgador, dentro del proceso contencioso administrativo, deberá dictar sentencia anticipada:

"1. Antes de la audiencia inicial, cuando se trate de asuntos de puro derecho o no fuere necesario practicar pruebas, caso en el cual correrá traslado para alegar por escrito, en la forma prevista en el inciso final del artículo 181 de la Ley 1437 de 2011 y la sentencia se proferirá por escrito.

2. En cualquier estado del proceso, cuando las partes o sus apoderados de común acuerdo lo soliciten, sea por iniciativa propia o por sugerencia del juez. Si la solicitud se presenta en el transcurso de una audiencia, se dará traslado para alegar dentro de ella. Si se hace por escrito, las partes podrán allegar con la petición sus alegatos de conclusión, de lo cual se dará traslado por diez (10) días comunes al Ministerio Público y demás intervinientes. El juzgador rechazará la solicitud cuando advierta fraude o colusión. Si en el proceso intervienen litisconsortes necesarios, la petición, deberá realizarse conjuntamente con estos. Con la aceptación de esta petición por parte del juez, se entenderán desistidos los recursos que hubieren formulado los peticionarios contra decisiones interlocutorias que estén pendientes de tramitar o resolver.

3. En la segunda etapa del proceso prevista en el artículo 179 de la Ley 1437 de 2011, cuando encuentre probada la cosa juzgada, la transacción, la conciliación, la caducidad, la prescripción extintiva y la falta de legitimación en la causa. La sentencia se dictará oralmente en audiencia o se proferirá por escrito. En este caso no se correrá traslado para alegar.

4. En caso de allanamiento de conformidad con el artículo 176 de la Ley 1437 de 2011.

Aun cuando el Articulo 13 del Decreto 806 de 2020, se refiere a "**Sentencia anticipada en lo contencioso administrativo**" no hay que olvidar que el proceso civil, regula lo concerniente a la sentencia anticipada en su artículo <u>278</u> luego lo dispuesto en la anterior norma en comento, es aplicable al proceso civil por regulación expresa del Código General del Proceso, siempre y cuando se den los requisitos exigidos por la norma anterior citada.

INDICE

## Apelación de Sentencias - Civil

*Artículo 14. Apelación de sentencias en materia civil y familia. El recurso de apelación contra sentencia en los procesos civiles y de familia, se tramitará así:*

*Sin perjuicio de la facultad oficiosa de decretar pruebas, dentro del término de ejecutoria del auto que admite la apelación, las partes podrán pedir la práctica de pruebas y el juez las decretará únicamente en los casos señalado en el artículo 327 del Código General del Proceso. El juez se pronunciará dentro de los cinco (5) días siguientes.*

*Ejecutoriado el auto que admite el recurso o el que niega la solicitud de pruebas, el apelante deberá sustentar el recurso a más tardar dentro de los cinco (5) días siguientes. De la sustentación se correrá traslado a la parte contraria por el término de cinco (5) días. Vencido el término de traslado se proferirá sentencia escrita que se notificará por estado. Si no se sustenta oportunamente el recurso, se declarará desierto.*

*Si se decretan pruebas, el juez fijará fecha y hora para la realización de la audiencia en la que se practicaran, se escucharan alegatos y se dictará sentencia. La sentencia se dictará en los términos establecidos en el Código General del Proceso.*

*De acuerdo a lo ordenado en el Decreto 806 de 2020, dictado con fundamento en la Emergencia Sanitaria", el recurso de Apelación se tramitará así:*

"Sin perjuicio de la facultad oficiosa de decretar pruebas, dentro del término de ejecutoria del auto que admite la apelación, las partes podrán pedir la práctica de pruebas y el juez las decretará únicamente en los casos señalado en el artículo 327 del Código General del Proceso. El juez se pronunciará dentro de los cinco (5) días siguientes."

"Ejecutoriado el auto que admite el recurso o el que niega la solicitud de pruebas, el apelante deberá sustentar el recurso a más tardar dentro de los cinco (5) días siguientes. De la sustentación se correrá traslado a la parte contraria por el término de cinco (5) días. Vencido el término de traslado se proferirá sentencia escrita que se notificará por estado. Si no se sustenta oportunamente el recurso, se declarará desierto."

"Si se decretan pruebas, el juez fijará fecha y hora para la realización de la audiencia en la que se practicaran, se escucharan alegatos y se dictará sentencia. La sentencia se dictará en los términos establecidos en el Código General del Proceso."

Es de anotar que, si en el recurso no se piden pruebas, es conveniente que tal recurso se envíe de una vez con copia a las partes con el fin de ahorrar el tiempo de termino de traslado.

INDICE

## Apelación Sentencia - Laboral

**Artículo 15. Apelación en materia laboral**. *El recurso de apelación contra las sentencias y autos dictados en materia laboral se tramitará así:*

*1. Ejecutoriado el auto que admite la apelación o la consulta, si no se decretan pruebas, se dará traslado a las partes para alegar por escrito por el término de cinco (5) días cada una, iniciando con la apelante. Surtidos los traslados correspondientes, se proferirá sentencia escrita.*

*Si se decretan pruebas, se fijará la fecha de la audiencia para practicar las pruebas a que se refiere el artículo 83 del Código Procesal del Trabajo y de la Seguridad Social. En ella se oirán las alegaciones de las partes y se resolverá la apelación.*

*2. Cuando se trate de apelación de un auto se dará traslado a las partes para alegar por escrito por el término de cinco (5) días y se resolverá el recurso por escrito.*

En materia laboral, el recurso de apelación contra las sentencias y autos dictados en materia laboral, enviado por los medios (*email*) tecnológicos existentes, se tramitará así:

"1. Ejecutoriado el auto que admite la apelación o la consulta, si no se decretan pruebas, se dará traslado a las partes para alegar por escrito por el término de cinco (5) días cada una, iniciando con la apelante. Surtidos los traslados correspondientes, se proferirá sentencia escrita.

Si se decretan pruebas, se fijará la fecha de la audiencia para practicar las pruebas a que se refiere el artículo 83 del Código Procesal del Trabajo y de la Seguridad Social. En ella se oirán las alegaciones de las partes y se resolverá la apelación.

2. Cuando se trate de apelación de un auto se dará traslado a las partes para alegar por escrito por el término de cinco (5) días y se resolverá el recurso por escrito.

Es de anotar que, si en el recurso no se piden pruebas, es conveniente que tal recurso se envíe de una vez con copia a las partes con el fin de ahorrar el tiempo de termino de traslado.

INDICE

# CAPITULO SEGUNDO

## *Del Expediente Virtual*

Para implementar la virtualidad en la justicia, el Decreto 806 de 2020 modifica tácitamente lo prescrito en el Código General de Proceso, en el Código Contencioso Administrativo y en el Código de Procedimiento Laboral, teniendo suficiente incidencia en varios de sus artículos, asi:

En el artículo 162 del Código de Procedimiento Administrativo y de lo Contencioso Administrativo, que regula el contenido de la demanda en los asuntos contencioso administrativos, se establece en su numeral 7 **como facultativo indicar** la dirección de correo electrónico de las partes y del apoderado del demandante, lo cual es hoy obligatorio siendo causal de inadmisión de la demanda

El artículo 205 del Código de. Procedimiento Administrativo y de lo Contencioso Administrativo, establece como facultativo la notificación por medios electrónicos de las providencias judiciales, siendo hoy en dia obligatorio

El artículo 201 del Código de Procedimiento Administrativo y de lo Contencioso Administrativo, establece el envío a través de un mensaje de datos de la providencia notificada por estado, si la parte suministró su dirección de correo electrónico, lo que hoy es obligatorio suministrarla siendo causal de inadmisión el silencio en este aspecto.

El artículo 25 del Código Procesal del Trabajo y de la Seguridad Social, no establece el deber del demandante de indicar en la demanda la dirección de correo electrónico de las partes, siendo hoy en día obligatorio por se una causal inadmisión de la demanda.

El Código Procesal del Trabajo y de la Seguridad Social no regula lo relacionado con las notificaciones electrónicas, el envío y recibo de documentos electrónicos, lo que es suplido por lo ordenado en el Decreto 806 de 2020

El artículo 74 del Código General del Proceso, establece el deber de allegar el poder con presentación personal, obligación que exime el decreto 806 de 2020

El Código Procesal del Trabajo y de la Seguridad Social, el Código General del Proceso y el Código de Procedimiento Administrativo y de lo Contencioso Administrativo, no establecen una regulación específica para el desarrollo de las audiencias a través de medios tecnológicos, lo que es suplido por el Decreto 806 de 2020"

INDICE

*Correos electrónicos*

Los correos electrónicos de todas las depedencia del orden judicial, podrán ser buscado el link https://www.ramajudicial.gov.co/web/10228/1300 *en donde deberá ubicarse, el Departamento, la ciudad, la Corporación o Despacho y la especialidad para encontrar el email en donde podremos enviar las respectivas solicitudes.*

Conc: Decreto 806 de 2020

INDICE

*Decreto 806 de 2020*

**Artículo 1. Objeto**. Este decreto tiene por objeto implementar el uso de las tecnologías de la información y las comunicaciones en las actuaciones judiciales y agilizar el trámite de los procesos judiciales ante la jurisdicción ordinaria en las especialidades civil, laboral, familia, jurisdicción de lo contencioso administrativo, jurisdicción constitucional y disciplinaria, así como, las actuaciones de las autoridades administrativas que ejerzan funciones jurisdiccionales y en los procesos arbitrales, durante el término de vigencia del presente decreto. Adicionalmente, este decreto pretende flexibilizar la atención a los usuarios del servicio de justicia y contribuir a la pronta reactivación de las actividades económicas que dependen de este.

**Parágrafo.** En aquellos eventos en que los sujetos procesales o la autoridad judicial no cuenten con los medios tecnológicos para cumplir con las medidas establecidas en el presente decreto o no sea necesario acudir a aquellas, se deberá prestar el servicio de forma presencial, siempre que sea posible y se ajuste a las disposiciones que sobre el particular dicten el Ministerio de Salud y Protección Social, el Consejo Superior de la Judicatura, los Centros de Arbitraje y las entidades con funciones jurisdiccionales.

Los sujetos procesales y la autoridad judicial competente deberán manifestar las razones por las cuales no pueden realizar una actuación judicial específica a través de las tecnologías de la información y las comunicaciones de lo cual se dejará constancia en el expediente y se realizará de manera presencial en los términos del inciso anterior.

**Artículo 2. Uso de las tecnologías de la Información y las comunicaciones**. Se deberán utilizar las tecnologías de la información y de las comunicaciones en la gestión y trámite de los procesos judiciales y asuntos en curso, con el fin de facilitar y agilizar el acceso a la justicia, como también proteger a los servidores judiciales, como a los usuarios de este servicio público.

Se utilizarán los medios tecnológicos para todas las actuaciones, audiencias y diligencias y se permitirá a los sujetos procesales actuar en los procesos o trámites a través de los medios digitales disponibles, evitando exigir y cumplir formalidades presenciales o similares, que no sean estrictamente necesarias. Por tanto, las actuaciones no requerirán de firmas manuscritas o digitales, presentaciones personales o autenticaciones adicionales, ni incorporarse o presentarse en medios físicos.

Las autoridades judiciales darán a conocer en su página web los canales oficiales de comunicación e información mediante los cuales prestarán su servicio, así como los mecanismos tecnológicos que emplearán.

En aplicación de los convenios y tratados internacionales se prestará especial atención a las poblaciones rurales y remotas, así como a los grupos étnicos y personas con discapacidad que enfrentan barreras para el acceso a las tecnologías de la información y las comunicaciones, para asegurar que se apliquen criterios de accesibilidad y se establezca si se requiere algún ajuste razonable que garantice el derecho a la administración de justicia en igualdad de condiciones con las demás personas.

**Parágrafo 1.** Se adoptarán todas las medidas para garantizar el debido proceso, la publicidad y el derecho de contradicción en la aplicación de las tecnologías de la información y de las comunicaciones. Para el efecto, las autoridades judiciales procurarán la efectiva comunicación virtual con los usuarios de la administración de justicia y adoptarán las medidas pertinentes para que puedan conocer las decisiones y ejercer sus derechos.

**Parágrafo 2.** Los municipios, personerías y otras entidades públicas, en la medida de sus posibilidades, facilitarán que los sujetos procesales puedan acceder en sus sedes a las actuaciones virtuales.

**Artículo 3. Deberes de los sujetos procesales en relación con las tecnologías de la información y las comunicaciones.** Es deber de los sujetos procesales realizar sus actuaciones y asistir a las audiencias y diligencias a través de medios tecnológicos. Para el efecto deberán suministrar a la autoridad judicial competente, y a todos los demás sujetos procesales, los canales digitales elegidos para los fines del proceso o trámite y enviar a través de estos un ejemplar de todos los memoriales o actuaciones que realicen, simultáneamente con copia incorporada al mensaje enviado a la autoridad judicial.

Identificados los canales digitales elegidos, desde allí se originarán todas las actuaciones y desde estos se surtirán todas las notificaciones, mientras no se informe un nuevo canal. Es deber de los sujetos procesales, en desarrollo de lo previsto en el artículo 78 numeral 5 del Código General del Proceso, comunicar cualquier cambio de dirección o medio electrónico, so pena de que las notificaciones se sigan surtiendo válidamente en la anterior.

Todos los sujetos procesales cumplirán los deberes constitucionales y legales para colaborar solidariamente con la buena marcha del servicio público de administración de justicia. La autoridad judicial competente adoptará las medidas necesarias para garantizar su cumplimiento.

**Artículo 4. Expedientes**. Cuando no se tenga acceso al expediente físico en la sede judicial, tanto la autoridad judicial como los demás sujetos procesales colaborarán proporcionando por cualquier medio las piezas procesales que se encuentren en su poder y se requieran para desarrollar la actuación subsiguiente. La autoridad judicial, directamente o a través del secretario o el funcionario que haga sus veces, coordinará el cumplimiento de lo aquí previsto.

Las autoridades judiciales que cuenten con herramientas tecnológicas que dispongan y desarrollen las funcionalidades de expedientes digitales de forma híbrida podrán utilizarlas para el cumplimiento de actividades procesales.

**Artículo 5. Poderes**. Los poderes especiales para cualquier actuación judicial se podrán conferir mediante mensaje de datos, sin firma manuscrita o digital, con la sola antefirma, se presumirán auténticos y no requerirán de ninguna presentación personal o reconocimiento.

En el poder se indicará expresamente la dirección de correo electrónico del apoderado que deberá coincidir con la inscrita en el Registro Nacional de Abogados.

Los poderes otorgados por personas inscritas en el registro mercantil, deberán ser remitidos desde la dirección de correo electrónico inscrita para recibir notificaciones judiciales.

**Artículo 6. Demanda**. La demanda indicará el canal digital donde deben ser notificadas las partes, sus representantes y apoderados, los testigos, peritos y cualquier tercero que deba ser citado al proceso, so pena de su inadmisión. Asimismo, contendrá los anexos en medio electrónico, los cuales corresponderán a los enunciados y enumerados en la demanda.

Las demandas se presentarán en forma de mensaje de datos, lo mismo que todos sus anexos, a las direcciones de correo electrónico que el Consejo Superior de la Judicatura disponga para efectos del reparto, cuando haya lugar a este.

De las demandas y sus anexos no será necesario acompañar copias físicas, ni electrónicas para el archivo del juzgado, ni para el traslado.

En cualquier jurisdicción, incluido el proceso arbitral y las autoridades administrativas que ejerzan funciones jurisdiccionales, salvo cuando se soliciten medidas cautelares previas o se desconozca el lugar donde recibirá notificaciones el demandado, el demandante, al presentar la demanda, simultáneamente deberá enviar por medio electrónico copia de ella y de sus anexos a los demandados. Del mismo modo deberá proceder el demandante cuando al inadmitirse la demanda presente el escrito de subsanación. El secretario o el funcionario que haga sus veces velará por el cumplimiento de este deber, sin cuya acreditación la autoridad judicial inadmitirá la demanda. De no conocerse el canal de digital de la parte demandada, se acreditará con la demanda el envío físico de la misma con sus anexos.

En caso de que el demandante haya remitido copia de la demanda con todos sus anexos al demandado, al admitirse la demanda la notificación personal se limitará al envío del auto admisorio al demandado.

**Artículo 7. Audiencias**. Las audiencias deberán realizarse utilizando los medios tecnológicos a disposición de las autoridades judiciales o por cualquier otro medio puesto a disposición por una o por ambas partes y en ellas deberá facilitarse y permitirse la presencia de todos los sujetos procesales, ya sea de manera virtual o telefónica. No se requerirá la autorización de que trata el parágrafo 2o del artículo 107 del Código General del Proceso.

No obstante, con autorización del titular del despacho, cualquier empleado podrá comunicarse con los sujetos procesales, antes de la realización de las audiencias, con el fin de informarles sobre la herramienta tecnológica que se utilizará en ellas o para concertar una distinta.

**Parágrafo.** Las audiencias y diligencias que se deban adelantar por la sala de una corporación serán presididas por el ponente, y a ellas deberán concurrir la mayoría de los magistrados que integran la sala, so pena de nulidad.

**Artículo 8. Notificaciones personales.** Las notificaciones que deban hacerse personalmente también podrán efectuarse con el envío de la providencia respectiva como mensaje de datos a la dirección electrónica o sitio que suministre el interesado en que se realice la notificación, sin necesidad del envío de previa citación o aviso físico o virtual. Los anexos que deban entregarse para un traslado se enviarán por el mismo medio.

El interesado afirmará bajo la gravedad del juramento, que se entenderá prestado con la petición, que la dirección electrónica o sitio suministrado corresponde al utilizado por la persona a notificar, informará la forma como la obtuvo y allegará las evidencias correspondientes, particularmente las comunicaciones remitidas a la persona por notificar.

La notificación personal se entenderá realizada una vez transcurridos dos días hábiles siguientes al envío del mensaje y los términos empezarán a correr a partir del día siguiente al de la notificación.

Para los fines de esta norma se podrán implementar o utilizar sistemas de confirmación del recibo de los correos electrónicos o mensajes de datos.

Cuando exista discrepancia sobre la forma en que se practicó la notificación, la parte que se considere afectada deberá manifestar bajo la gravedad del juramento, al solicitar la declaratoria de nulidad de lo actuado, que no se enteró de la providencia, además de cumplir con lo dispuesto en los artículos 132 a 138 del Código General del Proceso.

**Parágrafo 1.** Lo previsto en este artículo se aplicará cualquiera sea la naturaleza de la actuación, incluidas las pruebas extraprocesales o del proceso, sea este declarativo, declarativo especial, monitorio, ejecutivo o cualquiera otro.

**Parágrafo 2.** La autoridad judicial, de oficio o a petición de parte, podrá solicitar información de las direcciones electrónicas o sitios de la parte por notificar que estén en las Cámaras de Comercio, superintendencias, entidades públicas o privadas, o utilizar aquellas que estén informadas en páginas Web o en redes sociales.

**Artículo 9. Notificación por estado y traslados.** Las notificaciones por estado se fijarán virtualmente, con inserción de la providencia, y no será necesario imprimirlos, ni firmarlos por el secretario, ni dejar constancia con firma al pie de la providencia respectiva.

No obstante, no se insertarán en el estado electrónico las providencias que decretan medidas cautelares o hagan mención a menores, o cuando la autoridad judicial así lo disponga por estar sujetas a reserva legal.

De la misma forma podrán surtirse los traslados que deban hacerse por fuera de audiencia.

Los ejemplares de los estados y traslados virtuales se conservarán en línea para consulta permanente por cualquier interesado.

**Parágrafo.** Cuando una parte acredite haber enviado un escrito del cual deba correrse traslado a los demás sujetos procesales, mediante la remisión de la copia por un canal digital, se prescindirá del traslado por secretaria, el cual se entenderá realizado a los dos (2) días hábiles siguientes al del envío del mensaje y el término respectivo empezará a correr a partir del día siguiente.

**Artículo 10. Emplazamiento para notificación personal.** Los emplazamientos que deban realizarse en aplicación del artículo 108 del Código General del Proceso se harán únicamente en el registro nacional de personas emplazadas, sin necesidad de publicación en un medio escrito.

**Artículo 11. Comunicaciones, oficios y despachos.** Todas las comunicaciones, oficios y despachos con cualquier destinatario, se surtirán por el medio técnico disponible, como lo autoriza el artículo 111 del Código General del Proceso.

Los secretarios o los funcionarios que hagan sus veces remitirán las comunicaciones necesarias para dar cumplimiento a las órdenes judiciales mediante mensaje de datos, dirigidas a cualquier entidad pública, privada o particulares, las cuales se presumen auténticas y no podrán desconocerse siempre que provengan del correo electrónico oficial de la autoridad judicial.

**Artículo 12. Resolución de excepciones en la jurisdicción de lo Contencioso Administrativo**. De las excepciones presentadas se correrá traslado por el término de tres (3) días en la forma regulada en el artículo 110 del Código General del Proceso, o el que lo sustituya. En este término, la parte demandante podrá pronunciarse sobre ellas y, si fuere el caso, subsanar los defectos anotados en las excepciones previas.

Las excepciones previas se formularán y decidirán según lo regulado en los artículos 100, 101 y 102 del Código General del Proceso. Cuando se requiera la práctica de pruebas a que se refiere el inciso segundo del artículo 101 del citado código, el juzgador las decretará en el auto que cita a la audiencia inicial, y en el curso de esta las practicará. Allí mismo, resolverá las excepciones previas que requirieron pruebas y estén pendientes de decisión.

Las excepciones de cosa juzgada, caducidad, transacción, conciliación, falta de legitimación en la causa y prescripción extintiva, se tramitarán y decidirán en los términos señalados anteriormente.

La providencia que resuelva las excepciones mencionadas deberá ser adoptada en primera instancia por el juez, subsección, sección o sala de conocimiento. Contra esta decisión procederá el recurso apelación, el cual será resuelto por la subsección, sección o sala del tribunal o Consejo de Estado. Cuando esta decisión se profiera en única instancia por los tribunales y Consejo de Estado se decidirá por el magistrado ponente y será suplicable.

**Artículo 13. Sentencia anticipada en lo contencioso administrativo**. El juzgador deberá dictar sentencia anticipada:

1. Antes de la audiencia inicial, cuando se trate de asuntos de puro derecho o no fuere necesario practicar pruebas, caso en el cual correrá traslado para alegar por escrito, en la forma prevista en el

inciso final del artículo 181 de la Ley 1437 de 2011 y la sentencia se proferirá por escrito.

2. En cualquier estado del proceso, cuando las partes o sus apoderados de común acuerdo lo soliciten, sea por iniciativa propia o por sugerencia del juez. Si la solicitud se presenta en el transcurso de una audiencia, se dará traslado para alegar dentro de ella. Si se hace por escrito, las partes podrán allegar con la petición sus alegatos de conclusión, de lo cual se dará traslado por diez (10) días comunes al Ministerio Público y demás intervinientes. El juzgador rechazará la solicitud cuando advierta fraude o colusión. Si en el proceso intervienen litisconsortes necesarios, la petición, deberá realizarse conjuntamente con estos. Con la aceptación de esta petición por parte del juez, se entenderán desistidos los recursos que hubieren formulado los peticionarios contra decisiones interlocutorias que estén pendientes de tramitar o resolver.

3. En la segunda etapa del proceso prevista en el artículo 179 de la Ley 1437 de 2011, cuando encuentre probada la cosa juzgada, la transacción, la conciliación, la caducidad, la prescripción extintiva y la falta de legitimación en la causa. La sentencia se dictará oralmente en audiencia o se proferirá por escrito. En este caso no se correrá traslado para alegar.

4. En caso de allanamiento de conformidad con el artículo 176 de la Ley 1437 de 2011.

**Artículo 14. Apelación de sentencias en materia civil y familia.** El recurso de apelación contra sentencia en los procesos civiles y de familia, se tramitará así:

Sin perjuicio de la facultad oficiosa de decretar pruebas, dentro del término de ejecutoria del auto que admite la apelación, las partes podrán pedir la práctica de pruebas y el juez las decretará únicamente en los casos señalado en el artículo 327 del Código General del

Proceso. El juez se pronunciará dentro de los cinco (5) días siguientes.

Ejecutoriado el auto que admite el recurso o el que niega la solicitud de pruebas, el apelante deberá sustentar el recurso a más tardar dentro de los cinco (5) días siguientes. De la sustentación se correrá traslado a la parte contraria por el término de cinco (5) días. Vencido el término de traslado se proferirá sentencia escrita que se notificará por estado. Si no se sustenta oportunamente el recurso, se declarará desierto.

Si se decretan pruebas, el juez fijará fecha y hora para la realización de la audiencia en la que se practicaran, se escucharan alegatos y se dictará sentencia. La sentencia se dictará en los términos establecidos en el Código General del Proceso.

**Artículo 15. Apelación en materia laboral**. El recurso de apelación contra las sentencias y autos dictados en materia laboral se tramitará así:

1. Ejecutoriado el auto que admite la apelación o la consulta, si no se decretan pruebas, se dará traslado a las partes para alegar por escrito por el término de cinco (5) días cada una, iniciando con la apelante. Surtidos los traslados correspondientes, se proferirá sentencia escrita.

Si se decretan pruebas, se fijará la fecha de la audiencia para practicar las pruebas a que se refiere el artículo 83 del Código Procesal del Trabajo y de la Seguridad Social. En ella se oirán las alegaciones de las partes y se resolverá la apelación.

2. Cuando se trate de apelación de un auto se dará traslado a las partes para alegar por escrito por el término de cinco (5) días y se resolverá el recurso por escrito.

**Artículo 16. Vigencia y derogatoria**. El presente decreto legislativo rige a partir de su publicación y estará vigente durante los dos (2) años siguientes a partir de su expedición. "

INDICE

# PRONUNCIAMIETOS CONSTITUCIONALES

1. C-420/20 *Tamaño 1478211 bytes*

C-420-20 Sentencia C-420/20 Referencia: Expediente RE-333 Control de constitucionalidad del Decreto Legislativo 806 del 4 de junio de 2020, " [p]or el cual se adoptan medidas para implementar las tecnologías de la información y las comunicaciones en las actuaciones judiciales, agilizar los procesos judiciales y flexibilizar la atención a los usuarios del servicio de justicia, en el marco del Estado de Emergencia Económica, Social y Ecológica" Magistrado ponente (E): RICHARD S. RAMÍREZ GRISALES Bogotá, D.C., veinticuatro (24) de septiembre de dos mil veinte (2020) - Sala Plena de la Corte Constitucional -

---

CN - 212

**Artículo 212.** El Presidente de la República, con la firma de todos los ministros, podrá declarar el Estado de Guerra Exterior. Mediante tal declaración, el Gobierno tendrá las facultades estrictamente necesarias para repeler la agresión, defender la soberanía, atender los requerimientos de la guerra, y procurar el restablecimiento de la normalidad.

La declaración del Estado de Guerra Exterior sólo procederá una vez el Senado haya autorizado la declaratoria de guerra, salvo que a juicio del Presidente fuere necesario repeler la agresión.

Mientras subsista el Estado de Guerra, el Congreso se reunirá con la plenitud de sus atribuciones constitucionales y legales, y el Gobierno le informará motivada y periódicamente sobre los decretos que haya dictado y la evolución de los acontecimientos.

Los decretos legislativos que dicte el Gobierno suspenden las leyes incompatibles con el Estado de Guerra, rigen durante el tiempo que ellos mismos señalen y dejarán de tener vigencia tan pronto se declare restablecida la normalidad. El Congreso podrá. en cualquier época, reformarlos o derogarlos con el voto favorable de los dos tercios de los miembros de una y otra cámara.

INDICE

**Artículo 213.** En caso de grave perturbación del orden público que atente de manera inminente contra la estabilidad institucional, la seguridad del Estado, o la convivencia ciudadana, y que no pueda ser conjurada mediante el uso de las atribuciones ordinarias de las autoridades de Policía, el Presidente de la República, con la firma de todos los ministros, podrá declarar el Estado de Conmoción Interior, en toda la República o parte de ella, por término no mayor de noventa días, prorrogable hasta por dos períodos iguales, el segundo de los cuales requiere concepto previo y favorable del Senado de la República.

Mediante tal declaración, el Gobierno tendrá las facultades estrictamente necesarias para conjurar las causas de la perturbación e impedir la extensión de sus efectos.

Los decretos legislativos que dicte el Gobierno podrán suspender las leyes incompatibles con el Estado de Conmoción y dejarán de regir tan pronto como se declare restablecido el orden público. El Gobierno podrá prorrogar su vigencia hasta por noventa días más.

Dentro de los tres días siguientes a la declaratoria o prórroga del Estado de Conmoción, el Congreso se reunirá por derecho propio, con la plenitud de sus atribuciones constitucionales y legales. El Presidente le pasará inmediatamente un informe motivado sobre las razones que determinaron la declaración.

En ningún caso los civiles podrán ser investigados o juzgados por la justicia penal militar.

INDICE

CN - 215

**Artículo 215.** Cuando sobrevengan hechos distintos de los previstos en los artículos 212 y 213 que perturben o amenacen perturbar en forma grave e inminente el orden económico, social y ecológico del país, o que constituyan grave calamidad pública, podrá el Presidente, con la firma de todos los ministros, declarar el Estado de Emergencia por períodos hasta de treinta días en cada caso, que sumados no podrán exceder de noventa días en el año calendario.

Mediante tal declaración, que deberá ser motivada, podrá el Presidente, con la firma de todos los ministros, dictar decretos con fuerza de ley, destinados exclusivamente a conjurar la crisis y a impedir la extensión de sus efectos.

Estos decretos deberán referirse a materias que tengan relación directa y especifica con el Estado de Emergencia, y podrán, en forma transitoria, establecer nuevos tributos o modificar los existentes. En estos últimos casos, las medidas dejarán de regir al término de la siguiente vigencia fiscal, salvo que el Congreso, durante el año siguiente, les otorgue carácter permanente.

El Gobierno, en el decreto que declare el Estado de Emergencia, señalará el término dentro del cual va a hacer uso de las facultades extraordinarias a que se refiere este artículo, y convocará al Congreso, si éste no se hallare reunido, para los diez días siguientes al vencimiento de dicho término.

El Congreso examinará hasta por un lapso de treinta días, prorrogable por acuerdo de las dos cámaras, el informe motivado que le presente el Gobierno sobre las causas que determinaron el Estado de Emergencia y las medidas adoptadas, y se pronunciará expresamente sobre la conveniencia y oportunidad de las mismas.

El Congreso, durante el año siguiente a la declaratoria de la emergencia, podrá derogar, modificar o adicionar los decretos a que se refiere este artículo, en aquellas materias que ordinariamente son de iniciativa del Gobierno. En relación con aquellas que son de iniciativa de sus miembros, el Congreso podrá ejercer dichas atribuciones en todo tiempo.

El Congreso, si no fuere convocado, se reunirá por derecho propio, en las condiciones y para los efectos previstos en este artículo.

El Presidente de la República y los ministros serán responsables cuando declaren el Estado de Emergencia sin haberse presentado alguna de las circunstancias previstas en el inciso primero, y lo serán también por cualquier abuso cometido en el ejercicio de las facultades que la Constitución otorga al Gobierno durante la emergencia.

El Gobierno no podrá desmejorar los derechos sociales de los trabajadores mediante los decretos contemplados en este artículo.

**Parágrafo.** El Gobierno enviará a la Corte Constitucional al día siguiente de su expedición los decretos legislativos que dicte en uso de las facultades a que se refiere este artículo, para que aquélla decida sobre su constitucionalidad. Si el Gobierno no cumpliere con el deber de enviarlos, la Corte Constitucional aprehenderá de oficio y en forma inmediata su conocimiento.

CGP 137

**Artículo 317. *Desistimiento tácito.*** Ver Sentencia Corte Constitucional  C-553 de 2016 El desistimiento tácito se aplicará en los siguientes eventos:

1. Cuando para continuar el tramite de la demanda, del llamamiento en garantía, de un incidente o de cualquiera otra actuación promovida a instancia de parte, se requiera el cumplimiento de una carga procesal o de un acto de la parte que haya formulado aquella o promovido estos, el juez le ordenará cumplirlo dentro de los treinta (30) días siguientes mediante providencia que se notificará por estado.

Vencido dicho término sin que quien haya promovido el trámite respectivo cumpla la carga o realice el acto de parte ordenado, el juez tendrá por desistida tácitamente la respectiva actuación y así lo declarará en providencia en la que además impondrá condena en costas.

El juez no podrá ordenar el requerimiento previsto en este numeral, para que la parte demandante inicie las diligencias de notificación del auto admisorio de la demanda o del mandamiento de pago, cuando estén pendientes actuaciones encaminadas a consumar las medidas cautelares previas.

2. Cuando un proceso o actuación de cualquier naturaleza, en cualquiera de sus etapas, permanezca inactivo en la secretaría del despacho, porque no se solicita o realiza ninguna actuación durante el plazo de un (1) año en primera o única instancia, contados desde el día siguiente a la última notificación o desde la última diligencia o actuación, a petición de parte o de oficio, se decretará la terminación por desistimiento tácito sin necesidad de requerimiento previo. En este evento no habrá condena en costas o perjuicios a cargo de las partes.

El desistimiento tácito se regirá por las siguientes reglas:

a) Para el cómputo de los plazos previstos en este artículo no se contará el tiempo que el proceso hubiese estado suspendido por acuerdo de las partes;

b) Si el proceso cuenta con sentencia ejecutoriada a favor del demandante o auto que ordena seguir adelante la ejecución, el plazo previsto en este numeral será de dos (2) años;

c) Cualquier actuación, de oficio o a petición de parte, de cualquier naturaleza, interrumpirá los términos previstos en este artículo;

d) Decretado el desistimiento tácito quedará terminado el proceso o la actuación correspondiente y se ordenará el levantamiento de las medidas cautelares practicadas;

e) La providencia que decrete el desistimiento tácito se notificará por estado y será susceptible del recurso de apelación en el efecto suspensivo. La providencia que lo niegue será apelable en el efecto devolutivo;

f) El decreto del desistimiento tácito no impedirá que se presente nuevamente la demanda transcurridos seis (6) meses contados desde la ejecutoria de la providencia que así lo haya dispuesto o desde la notificación del auto de obedecimiento de lo resuelto por el superior, pero serán ineficaces todos los efectos que sobre la interrupción de la prescripción extintiva o la inoperancia de la caducidad o cualquier otra consecuencia que haya producido la presentación y notificación de la demanda que dio origen al proceso o a la actuación cuya terminación se decreta;

g) Decretado el desistimiento tácito por segunda vez entre las mismas partes y en ejercicio de las mismas pretensiones, se extinguirá el derecho pretendido. El juez ordenará la cancelación de los títulos del demandante si a ellos hubiere lugar. Al decretarse el desistimiento tácito, deben desglosarse los documentos que sirvieron de base para la admisión de la demanda o mandamiento ejecutivo, con las constancias del caso, para así poder tener conocimiento de ello ante un eventual nuevo proceso;

h) El presente artículo no se aplicará en contra de los incapaces, cuando carezcan de apoderado judicial.

INDICE

**Artículo 121.** *Duración del proceso.* Salvo interrupción o suspensión del proceso por causa legal, no podrá transcurrir un lapso superior a un (1) año para dictar sentencia de primera o única instancia, contado a partir de la notificación del auto admisorio de la demanda o mandamiento ejecutivo a la parte demandada o ejecutada. Del mismo modo, el plazo para resolver la segunda instancia, no podrá ser superior a seis (6) meses, contados a partir de la recepción del expediente en la secretaría del juzgado o tribunal.

Vencido el respectivo término previsto en el inciso anterior sin haberse dictado la providencia correspondiente, el funcionario perderá automáticamente competencia para conocer del proceso, por lo cual, al día siguiente, deberá informarlo a la Sala Administrativa del Consejo Superior de la Judicatura y remitir el expediente al juez o magistrado que le sigue en turno, quien asumirá competencia y proferirá la providencia dentro del término máximo de seis (6) meses. La remisión del expediente se hará directamente, sin necesidad de reparto ni participación de las oficinas de apoyo judicial. El juez o magistrado que recibe el proceso deberá informar a la Sala Administrativa del Consejo Superior de la Judicatura sobre la recepción del expediente y la emisión de la sentencia.

La Sala Administrativa del Consejo Superior de la Judicatura, por razones de congestión, podrá previamente indicar a los jueces de determinados municipios o circuitos judiciales que la remisión de expedientes deba efectuarse al propio Consejo Superior de la Judicatura, o a un juez determinado.

Cuando en el lugar no haya otro juez de la misma categoría y especialidad, el proceso pasará al juez que designe la sala de gobierno del tribunal superior respectivo.

Excepcionalmente el juez o magistrado podrá prorrogar por una sola vez el término para resolver la instancia respectiva, hasta por seis (6) meses más, con explicación de la necesidad de hacerlo, mediante auto que no admite recurso.

Será nula de pleno derecho la actuación posterior que realice el juez que haya perdido competencia para emitir la respectiva providencia.

Para la observancia de los términos señalados en el presente artículo, el juez o magistrado ejercerá los poderes de ordenación e instrucción, disciplinarios y correccionales establecidos en la ley.

El vencimiento de los términos a que se refiere este artículo, deberá ser tenido en cuenta como criterio obligatorio de calificación de desempeño de los distintos funcionarios judiciales.

**Parágrafo.** Lo previsto en este artículo también se aplicará a las autoridades administrativas cuando ejerzan funciones jurisdiccionales. Cuando la autoridad administrativa pierda competencia, deberá remitirlo inmediatamente a la autoridad judicial desplazada.

INDICE

**Artículo 162.** *Contenido de la demanda.* Toda demanda deberá dirigirse a quien sea competente y contendrá:

1. La designación de las partes y de sus representantes.

2. Lo que se pretenda, expresado con precisión y claridad. Las varias pretensiones se formularán por separado, con observancia de lo dispuesto en este mismo Código para la acumulación de pretensiones.

3. Los hechos y omisiones que sirvan de fundamento a las pretensiones, debidamente determinados, clasificados y numerados.

4. Los fundamentos de derecho de las pretensiones. Cuando se trate de la impugnación de un acto administrativo deberán indicarse las normas violadas y explicarse el concepto de su violación.

5. La petición de las pruebas que el demandante pretende hacer valer. En todo caso, este deberá aportar todas las documentales que se encuentren en su poder.

6. La estimación razonada de la cuantía, cuando sea necesaria para determinar la competencia.

7. El lugar y dirección donde las partes y el apoderado de quien demanda recibirán las notificaciones personales. <u>Para tal efecto, podrán indicar también su dirección electrónica.</u>

<u>INDICE</u>

CCPA -0205

**Artículo 205.**_Notificación por medios electrónicos._ Además de los casos contemplados en los artículos anteriores, se podrán notificar las providencias a través de medios electrónicos, a quien haya aceptado expresamente este medio de notificación.

En este caso, la providencia a ser notificada se remitirá por el Secretario a la dirección electrónica registrada y para su envío se deberán utilizar los mecanismos que garanticen la autenticidad e integridad del mensaje. Se presumirá que el destinatario ha recibido la notificación cuando el iniciador recepcione acuse de recibo o se pueda por otro medio constatar el acceso del destinatario al mensaje. El Secretario hará constar este hecho en el expediente.

De las notificaciones realizadas electrónicamente se conservarán los registros para consulta permanente en línea por cualquier interesado.

INDICE

CCPA - 201

**Artículo 201.** *Notificaciones por estado.* Los autos no sujetos al requisito de la notificación personal se notificarán por medio de anotación en estados electrónicos para consulta en línea bajo la responsabilidad del Secretario. La inserción en el estado se hará el día siguiente al de la fecha del auto y en ella ha de constar:

1. La identificación del proceso.

2. Los nombres del demandante y el demandado.

3. La fecha del auto y el cuaderno en que se halla.

4. La fecha del estado y la firma del Secretario.

El estado se insertará en los medios informáticos de la Rama Judicial y permanecerá allí en calidad de medio notificador durante el respectivo día.

De las notificaciones hechas por estado el Secretario dejará certificación con su firma al pie de la providencia notificada y se enviará un mensaje de datos a quienes hayan suministrado su dirección electrónica.

De los estados que hayan sido fijados electrónicamente se conservará un archivo disponible para la consulta permanente en línea por cualquier interesado, por el término mínimo de diez (10) años.

Cada juzgado dispondrá del número suficiente de equipos electrónicos al acceso del público para la consulta de los estados.

INDICE

**Artículo 25**. Formas y requisitos de la demanda. La demanda deberá contener:

1. La designación del juez a quien se dirige.

2. El nombre de las partes y el de su representante, si aquellas no comparecen o no pueden comparecer por sí mismas.

3. El domicilio y la dirección de las partes, y si se ignora la del demandado o la de su representante si fuere el caso, se indicará esta circunstancia bajo juramento que se entenderá prestado con la presentación de la demanda.

4. El nombre, domicilio y dirección del apoderado judicial del demandante, si fuere el caso.

5. La indicación de la clase de proceso.

6. Lo que se pretenda, expresado con precisión y claridad. Las varias pretensiones se formularán por separado.

7. Los hechos y omisiones que sirvan de fundamento a las pretensiones, clasificados y enumerados.

8. Los fundamentos y razones de derecho.

9. La petición en forma individualizada y concreta de los medios de prueba, y

10. La cuantía, cuando su estimación sea necesaria para fijar la competencia.

Cuando la parte pueda litigar en causa propia, no será necesario el requisito previsto en el numeral octavo

INDICE

CGP - 74

**Artículo 74. Poderes**. Los poderes generales para toda clase de procesos solo podrán conferirse por escritura pública. El poder especial para uno o varios procesos podrá conferirse por documento privado. En los poderes especiales los asuntos deberán estar determinados y claramente identificados.

El poder especial puede conferirse verbalmente en audiencia o diligencia o por memorial dirigido al juez del conocimiento. El poder especial para efectos judiciales deberá ser presentado personalmente por el poderdante ante juez, oficina judicial de apoyo o notario. Las sustituciones de poder se presumen auténticas.

Los poderes podrán extenderse en el exterior, ante cónsul colombiano o el funcionario que la ley local autorice para ello; en ese último caso, su autenticación se hará en la forma establecida en el artículo 251.

Cuando quien otorga el poder fuere una sociedad, si el cónsul que lo autentica o ante quien se otorga hace constar que tuvo a la vista las pruebas de la existencia de aquella y que quien lo confiere es su representante, se tendrán por establecidas estas circunstancias. De la misma manera se procederá cuando quien confiera el poder sea apoderado de una persona.

Se podrá conferir poder especial por mensaje de datos con firma digital.

Los poderes podrán ser aceptados expresamente o por su ejercicio.

INDICE

CN - 229

**Art. 229.** -Se garantiza el derecho de toda persona para acceder a la administración de justicia. La ley indicará en qué casos podrá hacerlo sin la representación de abogado.

INDICE

Art. 150.- Corresponde al Congreso hacer las leyes. Por medio de ellas ejerce las siguientes funciones:

1. Interpretar, reformar y derogar las leyes.

2. Expedir códigos en todos los ramos de la legislación y reformar sus disposiciones.

3. Aprobar el plan nacional de desarrollo y de inversiones públicas que hayan de emprenderse o continuarse, con la determinación de los recursos y apropiaciones que se autoricen para su ejecución, y las medidas necesarias para impulsar el cumplimiento de los mismos.

4. Definir la división general del territorio con arreglo a lo previsto en esta Constitución, fijar las bases y condiciones

para crear, eliminar, modificar o fusionar entidades territoriales y establecer sus competencias.

5. Conferir atribuciones especiales a las asambleas departamentales.

6. Variar, en circunstancias extraordinarias y por graves motivos de conveniencia pública, la actual residencia de los altos poderes nacionales.

7. Determinar la estructura de la administración nacional y crear, suprimir o fusionar ministerios, departamentos administrativos, superintendencias, establecimientos públicos y otras entidades del orden nacional, señalando sus objetivos y estructura orgánica; reglamentar la creación y funcionamiento de las Corporaciones Autónomas Regionales dentro de un régimen de autonomía; así mismo, crear o autorizar la constitución de empresas industriales y comerciales del estado y sociedades de economía mixta.

8. Expedir las normas a las cuales debe sujetarse el Gobierno para el ejercicio de las funciones de inspección y vigilancia que le señala la Constitución.


9. Conceder autorizaciones al Gobierno para celebrar contratos, negociar empréstitos y enajenar bienes nacionales. El Gobierno rendirá periódicamente informes al Congreso sobre el ejercicio de estas autorizaciones.

10. Revestir, hasta por seis meses, al Presidente de la República de precisas facultades extraordinarias, para expedir normas con fuerza de ley cuando la necesidad lo exija o la conveniencia pública lo aconseje. Tales facultades deberán ser solicitadas expresamente por el Gobierno y su aprobación requerirá la mayoría absoluta de los miembros de una y otra Cámara.

El Congreso podrá, en todo tiempo y por iniciativa propia, modificar los decretos leyes dictados por el Gobierno en uso de facultades extraordinarias.

Estas facultades no se podrán conferir para expedir códigos, leyes estatutarias, orgánicas, ni las previstas en el numeral 20 <ver Notas del Editor> del presente artículo, ni para decretar impuestos.

11. Establecer las rentas nacionales y fijar los gastos de la administración.

12. Establecer contribuciones fiscales y, excepcionalmente, contribuciones parafiscales en los casos y bajo las condiciones que establezca la ley.

13. Determinar la moneda legal, la convertibilidad y el alcance de su poder liberatorio, y arreglar el sistema de pesas y medidas.

14. Aprobar o improbar los contratos o convenios que, por razones de evidente necesidad nacional, hubiere celebrado el Presidente de la República, con particulares, compañías o entidades públicas, sin autorización previa.

15. Decretar honores a los ciudadanos que hayan prestado servicios a la patria.

16. Aprobar o improbar los tratados que el Gobierno celebre con otros Estados o con entidades de derecho internacional. Por medio de dichos tratados podrá el Estado, sobre bases de equidad, reciprocidad y conveniencia nacional, transferir parcialmente determinadas atribuciones a organismos internacionales, que tengan por objeto promover o consolidar la integración económica con otros Estados.

17. Conceder, por mayoría de los dos tercios de los votos de los miembros de una y otra Cámara y por graves motivos de conveniencia pública, amnistías o indultos generales por delitos políticos. En caso de que los favorecidos fueren eximidos de la responsabilidad civil respecto de

particulares, el Estado quedará obligado a las indemnizaciones a que hubiere lugar.

<Inciso adicionado por el artículo 1 del Legislativo 2 de 2019. El nuevo texto es el siguiente:> En ningún caso el delito de secuestro, ni los delitos relacionados con la fabricación, el tráfico o el porte de estupefacientes, serán considerados como delitos políticos o como conductas conexas a estos, ni como dirigidas a promover, facilitar, apoyar, financiar, u ocultar cualquier delito que atente contra el régimen constitucional y legal. Por lo tanto, no podrá existir respecto de ellos, amnistía o indulto.

18. Dictar las normas sobre apropiación o adjudicación y recuperación de tierras baldías.

19. Dictar las normas generales, y señalar en ellas los objetivos y criterios a los cuales debe sujetarse el Gobierno para los siguientes efectos:

a) Organizar el crédito público;

b) Regular el comercio exterior y señalar el régimen de cambio internacional, en concordancia con las funciones que la Constitución consagra para la Junta Directiva del Banco de la República;

c) Modificar, por razones de política comercial los aranceles, tarifas y demás disposiciones concernientes al régimen de aduanas;

d) Regular las actividades financiera, bursátil, aseguradora y cualquiera otra relacionada con el manejo, aprovechamiento e inversión de los recursos captados del público;

e) Fijar el régimen salarial y prestacional de los empleados públicos, de los miembros del Congreso Nacional y la Fuerza Pública;

Estas funciones en lo pertinente a prestaciones sociales son indelegables en las corporaciones públicas territoriales y éstas no podrán arrogárselas.

**<Nota Aclaratoria>**

La Secretaría General de la Asamblea Nacional Constituyente en aclaración del 6 de septiembre de 1991, publicada en la Gaceta Constitucional No. 125, del 25 de septiembre de 1991, informó lo sucedido con el tenor original del literal f) publicado en la Gaceta No. 114, el cual establecia: "f) Regular la educación".

20. Crear los servicios administrativos y técnicos de las Cámaras.

21. Expedir las leyes de intervención económica, previstas en el artículo 334, las cuales deberán precisar sus fines y alcances y los límites a la libertad económica.

22. Expedir las leyes relacionadas con el Banco de la República y con las funciones que compete desempeñar a su Junta Directiva.

23. Expedir las leyes que regirán el ejercicio de las funciones públicas y la prestación de los servicios públicos.

24. Regular el régimen de propiedad industrial, patentes y marcas y las otras formas de propiedad intelectual. 25. Unificar las normas sobre policía de tránsito en todo el territorio de la República.

Compete al Congreso expedir el estatuto general de contratación de la administración pública y en especial de la administración nacional.

**PARÁGRAFO.** <Parágrafo adicionado por el artículo 1 del Legislativo 2 de 2019. El nuevo texto es el siguiente:> Las disposiciones del inciso segundo del numeral 17 del artículo 150 de la Constitución Política, en ningún caso afectarán las disposiciones de acuerdos de paz anteriores, ni sus respectivas disposiciones y serán aplicadas a conductas cometidas con posterioridad a la entrada en vigencia del presente acto legislativo.

INDICE

CGP - 75

**Artículo 78. *Deberes de las partes y sus apoderados*.** Son deberes de las partes y sus apoderados:

1. Proceder con lealtad y buena fe en todos sus actos.

2. Obrar sin temeridad en sus pretensiones o defensas y en el ejercicio de sus derechos procesales.

3. Abstenerse de obstaculizar el desarrollo de las audiencias y diligencias.

4. Abstenerse de usar expresiones injuriosas en sus escritos y exposiciones orales, y guardar el debido respeto al juez, a los empleados de este, a las partes y a los auxiliares de la justicia.

5. Comunicar por escrito cualquier cambio de domicilio o del lugar señalado para recibir notificaciones personales, en la demanda o en su contestación o en el escrito de excepciones en el proceso ejecutivo, so pena de que estas se surtan válidamente en el anterior.

6. Realizar las gestiones y diligencias necesarias para lograr oportunamente la integración del contradictorio.

7. Concurrir al despacho cuando sean citados por el juez y acatar sus órdenes en las audiencias y diligencias.

8. Prestar al juez su colaboración para la práctica de pruebas y diligencias.

9. Abstenerse de hacer anotaciones marginales o interlineadas, subrayados o dibujos de cualquier clase en el expediente, so pena de incurrir en multa de un salario mínimo legal mensual vigente (1 smlmv).

10. Abstenerse de solicitarle al juez la consecución de documentos que directamente o por medio del ejercicio del derecho de petición hubiere podido conseguir.

11. Comunicar a su representado el día y la hora que el juez haya fijado para interrogatorio de parte, reconocimiento de documentos, inspección judicial o exhibición, en general la de cualquier audiencia y el objeto de la misma, y darle a conocer de inmediato la renuncia del poder.

Citar a los testigos cuya declaración haya sido decretada a instancia suya, por cualquier medio eficaz, y allegar al expediente la prueba de la citación.

12. Adoptar las medidas para conservar en su poder las pruebas y la información contenida en mensajes de datos que tenga relación con el proceso y exhibirla cuando sea exigida por el juez, de acuerdo con los procedimientos establecidos en este código.

13. Informar oportunamente al cliente sobre el alcance y consecuencia del juramento estimatorio, la demanda de reconvención y la vinculación de otros sujetos procesales.

14. Enviar a las demás partes del proceso después de notificadas, cuando hubieren suministrado una dirección de correo electrónico o un medio equivalente para la transmisión de datos, un ejemplar de los memoriales presentados en el proceso. Se exceptúa la petición de medidas cautelares. Este deber se cumplirá a más tardar el día siguiente a la presentación del memorial. El incumplimiento de este deber no afecta la validez de la actuación, pero la parte afectada podrá solicitar al juez la imposición de una multa hasta por un salario mínimo legal mensual vigente (1 smlmv) por cada infracción.

15. Limitar las transcripciones o reproducciones de actas, decisiones, conceptos, citas doctrinales y jurisprudenciales a las que sean estrictamente necesarias para la adecuada fundamentación de la solicitud.

INDICE

**Artículo 132.** *Control de legalidad.* Agotada cada etapa del proceso el juez deberá realizar control de legalidad para corregir o sanear los vicios que configuren nulidades u otras irregularidades del proceso, las cuales, <u>salvo que se trate de hechos nuevos, no se podrán alegar en las etapas siguientes, sin perjuicio de lo previsto para los recursos de revisión y casación.</u>

**NOTA: El texto subrayado fue declarado EXEQUIBLE por la Corte Constitucional mediante Sentencia** C-537 **de 2016.**

**Artículo 133.** *Causales de nulidad.* El proceso es nulo, en todo o en parte, solamente en los siguientes casos:

1. Cuando el juez actúe en el proceso después de declarar la falta de jurisdicción o de competencia.

2. Cuando el juez procede contra providencia ejecutoriada del superior, revive un proceso legalmente concluido o pretermite íntegramente la respectiva instancia.

3. Cuando se adelanta después de ocurrida cualquiera de las causales legales de interrupción o de suspensión, o si, en estos casos, se reanuda antes de la oportunidad debida.

4. Cuando es indebida la representación de alguna de las partes, o cuando quien actúa como su apoderado judicial carece íntegramente de poder.

5. Cuando se omiten las oportunidades para solicitar, decretar o practicar pruebas, o cuando se omite la práctica de una prueba que de acuerdo con la ley sea obligatoria.

6. Cuando se omita la oportunidad para alegar de conclusión o para sustentar un recurso o descorrer su traslado.

7. Cuando la sentencia se profiera por un juez distinto del que escuchó los alegatos de conclusión o la sustentación del recurso de apelación.

8. Cuando no se practica en legal forma la notificación del auto admisorio de la demanda a personas determinadas, o el emplazamiento de las demás personas aunque sean indeterminadas, que deban ser citadas como partes, o de aquellas que deban suceder en el proceso a cualquiera de las partes, cuando la ley así lo ordena, o no se cita en debida forma al Ministerio Público o a cualquier otra persona o entidad que de acuerdo con la ley debió ser citado.

Cuando en el curso del proceso se advierta que se ha dejado de notificar una providencia distinta del auto admisorio de la demanda o del mandamiento de pago, el defecto se corregirá practicando la notificación omitida, pero será nula la actuación posterior que dependa de dicha providencia, salvo que se haya saneado en la forma establecida en este código.

**Parágrafo.** Las demás irregularidades del proceso se tendrán por subsanadas si no se impugnan oportunamente por los mecanismos que este código establece.

**NOTA: Articulo declarado EXEQUIBLE por la Cortes Constitucional mediante Sentencia C-537 de 2016.**

**Artículo 134.** *Oportunidad y trámite.* Las nulidades podrán alegarse en cualquiera de las instancias antes de que se dicte sentencia o con posteridad a esta, si ocurrieren en ella.

**NOTA: El texto subrayado fue declarado EXEQUIBLE por la Cortes Constitucional mediante Sentencia C-537 de 2016.**

La nulidad por indebida representación o falta de notificación o emplazamiento en legal forma, o la originada en la sentencia contra la cual no proceda recurso, podrá también alegarse en la diligencia de entrega o como excepción en la ejecución de la sentencia, o mediante el recurso de revisión, si no se pudo alegar por la parte en las anteriores oportunidades.

Dichas causales podrán alegarse en el proceso ejecutivo, incluso con posterioridad a la orden de seguir adelante con la ejecución, mientras no haya terminado por el pago total a los acreedores o por cualquier otra causa legal.

El juez resolverá la solicitud de nulidad previo traslado, decreto y práctica de las pruebas que fueren necesarias.

La nulidad por indebida representación, notificación o emplazamiento, solo beneficiará a quien la haya invocado. Cuando exista litisconsorcio necesario y se hubiere proferido sentencia, esta se anulará y se integrará el contradictorio.

**Artículo 135.** *Requisitos para alegar la nulidad.* La parte que alegue una nulidad deberá tener legitimación para proponerla, expresar la causal invocada y los hechos en que se fundamenta, y aportar o solicitar las pruebas que pretenda hacer valer.

No podrá alegar la nulidad quien haya dado lugar al hecho que la origina, ni quien omitió alegarla como excepción previa si tuvo oportunidad para hacerlo, ni quien después de ocurrida la causal haya actuado en el proceso sin proponerla.

**NOTA: Expresión *"ni quien después de ocurrida la causal haya actuado en el proceso sin proponerla"*, declarado EXEQUIBLE por la Cortes Constitucional mediante Sentencia C-537 de 2016.**

La nulidad por indebida representación o por falta de notificación o emplazamiento solo podrá ser alegada por la persona afectada.

El juez rechazará de plano la solicitud de nulidad que se funde en causal distinta de las determinadas en este capítulo o en hechos que pudieron alegarse como excepciones previas, o la que se proponga después de saneada o por quien carezca de legitimación.

**Artículo 136.** *Saneamiento de la nulidad.* La nulidad se considerará saneada en los siguientes casos:

1. Cuando la parte que podía alegarla no lo hizo oportunamente o actuó sin proponerla.

2. Cuando la parte que podía alegarla la convalidó en forma expresa antes de haber sido renovada la actuación anulada.

3. Cuando se origine en la interrupción o suspensión del proceso y no se alegue dentro de los cinco (5) días siguientes a la fecha en que haya cesado la causa.

4. Cuando a pesar del vicio el acto procesal cumplió su finalidad y no se violó el derecho de defensa.

**Parágrafo.** Las nulidades por proceder contra providencia ejecutoriada del superior, revivir un proceso legalmente concluido o pretermitir íntegramente la respectiva instancia, son insaneables.

**NOTA: Paragrafo declarado EXEQUIBLE por la Cortes Constitucional mediante Sentencia** C-537 **de 2016.**

**Artículo 137.** *Advertencia de la nulidad.* Corregido por el art. 4, Decreto Nacional 1736 de 2012. En cualquier estado del proceso el juez ordenará poner en conocimiento de la parte afectada las nulidades que no hayan sido saneadas. Cuando se originen en las causales 4, 6 y 7 del artículo 133 el auto se le notificará al afectado de conformidad con las reglas generales previstas en los artículos 291 y 292. Si dentro de los tres (3) días siguientes al de la notificación dicha parte no alega la nulidad, esta quedará saneada y el proceso continuará su curso; en caso contrario el juez la declarará.

**Artículo 138.** *Efectos de la declaración de falta de jurisdicción o competencia y de la nulidad declarada.* Cuando se declare la falta de jurisdicción, o la falta de competencia por el factor funcional o subjetivo, lo actuado conservará su validez y el proceso se enviará de inmediato al juez competente; pero si se hubiere dictado sentencia, esta se invalidará.

**NOTA: Inciso declarado EXEQUIBLE por la Cortes Constitucional mediante Sentencia** C-537 **de 2016.**

La nulidad solo comprenderá la actuación posterior al motivo que la produjo y que resulte afectada por este. Sin embargo, la prueba practicada dentro de dicha actuación conservará su validez y tendrá eficacia respecto de quienes tuvieron oportunidad de controvertirla, y se mantendrán las medidas cautelares practicadas.

**NOTA: Inciso declarado EXEQUIBLE por la Cortes Constitucional mediante Sentencia** C-537 **de 2016.**

El auto que declare una nulidad indicará la actuación que debe renovarse.

INDICE

CGP 108

**Artículo 108.** *Emplazamiento.* Cuando se ordene el emplazamiento a personas determinadas o indeterminadas, se procederá mediante la inclusión del nombre del sujeto emplazado, las partes, la clase del proceso y el juzgado que lo requiere, en un listado que se publicará por una sola vez en un medio escrito de amplia circulación nacional o local, o en cualquier otro medio masivo de comunicación, a criterio del juez, para lo cual indicará al menos dos (2) medios de comunicación.

Ordenado el emplazamiento, la parte interesada dispondrá su publicación a través de uno de los medios expresamente señalados por el juez.

Si el juez ordena la publicación en un medio escrito esta se hará el domingo; en los demás casos, podrá hacerse cualquier día entre las seis (6) de la mañana y las once (11) de la noche.

El interesado allegará al proceso copia informal de la página respectiva donde se hubiere publicado el listado y si la publicación se hubiere realizado en un medio diferente del escrito, allegará constancia sobre su emisión o transmisión, suscrita por el administrador o funcionario.

Efectuada la publicación de que tratan los incisos anteriores, la parte interesada remitirá una comunicación al Registro Nacional de Personas Emplazadas incluyendo el nombre del sujeto emplazado, su número de identificación, si se conoce, las partes del proceso, su naturaleza y el juzgado que lo requiere.

El Registro Nacional de Personas Emplazadas publicará la información remitida y el emplazamiento se entenderá surtido quince (15) días después de publicada la información de dicho registro.

Surtido el emplazamiento se procederá a la designación de curador *ad litem*, si a ello hubiere lugar.

**Parágrafo primero.** El Consejo Superior de la Judicatura llevará el Registro Nacional de Personas Emplazadas y determinará la forma de darle publicidad. El Consejo Superior de la Judicatura garantizará el acceso al Registro Nacional de Personas Emplazadas a través de Internet y establecerá una base de datos que deberá permitir la consulta de la información del registro, por lo menos, durante un (1) año contado a partir de la publicación del emplazamiento.

El Consejo Superior de la Judicatura podrá disponer que este registro se publique de manera unificada con el Registro Nacional de Apertura de Procesos de Pertenencia, el Registro Nacional de Apertura de Procesos de Sucesión y las demás bases de datos que por ley o reglamento le corresponda administrar.

**Parágrafo segundo.** La publicación debe comprender la permanencia del contenido del emplazamiento en la página web del respectivo medio de comunicación, durante el término del emplazamiento.

INDICE

# CGP 111

**Artículo 111. *Comunicaciones*.** Los tribunales y jueces deberán entenderse entre sí, con las autoridades y con los particulares, por medio de despachos y oficios que se enviarán por el medio más rápido y con las debidas seguridades. Los oficios y despachos serán firmados únicamente por el secretario. Las comunicaciones de que trata este artículo podrán remitirse a través de mensajes de datos.

El juez también podrá comunicarse con las autoridades o con los particulares por cualquier medio técnico de comunicación que tenga a su disposición, de lo cual deberá dejar constancia.

INDICE

# CGP – 107

**Artículo 107.** *Audiencias y diligencias.* Las audiencias y diligencias se sujetarán a las siguientes reglas:

1. Iniciación y concurrencia. Toda audiencia será presidida por el juez y, en su caso, por los magistrados que conozcan del proceso. La ausencia del juez o de los magistrados genera la nulidad de la respectiva actuación.

Sin embargo, la audiencia podrá llevarse a cabo con la presencia de la mayoría de los magistrados que integran la Sala, cuando la ausencia obedezca a un hecho constitutivo de fuerza mayor o caso fortuito. En el acta se dejará expresa constancia del hecho constitutivo de aquel.

Las audiencias y diligencias se iniciarán en el primer minuto de la hora señalada para ellas, aun cuando ninguna de las partes o sus apoderados se hallen presentes.

Las partes, los terceros intervinientes o sus apoderados que asistan después de iniciada la audiencia o diligencia asumirán la actuación en el estado en que se encuentre al momento de su concurrencia.

Cuando se produzca cambio de juez que deba proferir sentencia en primera o segunda instancia, quien lo sustituya deberá convocar a una audiencia especial con el solo fin de repetir la oportunidad para alegar. Oídas las alegaciones, se dictará sentencia según las reglas generales.

2. Concentración. Toda audiencia o diligencia se adelantará sin solución de continuidad. El juez deberá reservar el tiempo suficiente para agotar el objeto de cada audiencia o diligencia.

El incumplimiento de este deber constituirá falta grave sancionable conforme al régimen disciplinario.

3. Intervenciones. Las intervenciones de los sujetos procesales, no excederán de (20) minutos, salvo disposición en contrario. No obstante, el juez de oficio o por solicitud de alguna de las partes, podrá autorizar un tiempo superior, atendiendo las condiciones del caso y garantizando la igualdad. Contra esta decisión no procede recurso alguno.

4. Grabación. La actuación adelantada en una audiencia o diligencia se grabará en medios de audio, audiovisuales o en cualquiera otro que ofrezca seguridad para el registro de lo actuado.

5. Publicidad. Las audiencias y diligencias serán públicas, salvo que el juez, por motivos justificados, considere necesario limitar la asistencia de terceros.

El Consejo Superior de la Judicatura deberá proveer los recursos técnicos necesarios para la grabación de las audiencias y diligencias.

6. Prohibiciones. Las intervenciones orales no podrán ser sustituidas por escritos.

El acta se limitará a consignar el nombre de las personas que intervinieron como partes, apoderados, testigos y auxiliares de la justicia, la relación de los documentos que se hayan presentado y, en su caso, la parte resolutiva de la sentencia.

Solo cuando se trate de audiencias o diligencias que deban practicarse por fuera del despacho judicial o cuando se presenten fallas en los medios de grabación, el juez podrá ordenar que las diligencias consten en actas que sustituyan el sistema de registro a que se refiere el numeral 4 anterior o que la complementen.

El acta será firmada por el juez y de ella hará parte el formato de control de asistencia de quienes intervinieron.

Cualquier interesado podrá solicitar una copia de las grabaciones o del acta, proporcionando los medios necesarios para ello.

En ningún caso el juzgado hará la reproducción escrita de las grabaciones.

De las grabaciones se dejará duplicado que hará parte del archivo del juzgado, bajo custodia directa del secretario, hasta la terminación del proceso.

**Parágrafo primero.** Las partes y demás intervinientes podrán participar en la audiencia a través de videoconferencia, teleconferencia o por cualquier otro medio técnico, siempre que por causa justificada el juez lo autorice.

**Parágrafo segundo.** La Sala Administrativa del Consejo Superior de la Judicatura podrá asignarle a un juez o magistrado coordinador la función de fijar las fechas de las audiencias en los distintos procesos a cargo de los jueces o magistrados del respectivo distrito, circuito o municipio al que pertenezca.

INDICE

CGP – 110

**Artículo 110.** *Traslados.* Cualquier traslado que deba surtirse en audiencia se cumplirá permitiéndole a la parte respectiva que haga uso de la palabra.

Salvo norma en contrario, todo traslado que deba surtirse por fuera de audiencia, se surtirá en secretaría por el término de tres (3) días y no requerirá auto ni constancia en el expediente. Estos traslados se incluirán en una lista que se mantendrá a disposición de las partes en la secretaría del juzgado por un (1) día y correrán desde el siguiente.

INDICE

## Excepciones Previas

**Artículo 100. *Excepciones previas*.** Salvo disposición en contrario, el demandado podrá proponer las siguientes excepciones previas dentro del término de traslado de la demanda:

1. Falta de jurisdicción o de competencia.

2. Compromiso o cláusula compromisoria.

3. Inexistencia del demandante o del demandado.

4. Incapacidad o indebida representación del demandante o del demandado.

5. Ineptitud de la demanda por falta de los requisitos formales o por indebida acumulación de pretensiones.

6. No haberse presentado prueba de la calidad de heredero, cónyuge o compañero permanente, curador de bienes, administrador de comunidad, albacea y en general de la calidad en que actúe el demandante o se cite al demandado, cuando a ello hubiere lugar.

7. Habérsele dado a la demanda el trámite de un proceso diferente al que corresponde.

8. Pleito pendiente entre las mismas partes y sobre el mismo asunto.

9. No comprender la demanda a todos los litisconsortes necesarios.

10. No haberse ordenado la citación de otras personas que la ley dispone citar.

11. Haberse notificado el auto admisorio de la demanda a persona distinta de la que fue demandada.

**Artículo 101. *Oportunidad y trámite de las excepciones previas*.** Las excepciones previas se formularán en el término del traslado de la demanda en escrito separado que deberá expresar las razones y hechos en que se fundamentan. Al escrito deberán acompañarse todas las pruebas que se pretenda hacer valer y que se encuentren en poder del demandado.

El juez se abstendrá de decretar pruebas de otra clase, salvo cuando se alegue la falta de competencia por el domicilio de persona natural o por el lugar donde ocurrieron hechos, o la falta de integración del litisconsorcio necesario, casos en los cuales se podrán practicar hasta dos testimonios.

Las excepciones previas se tramitarán y decidirán de la siguiente manera:

1. Del escrito que las contenga se correrá traslado al demandante por el término de tres (3) días conforme al artículo 110, para que se pronuncie sobre ellas y, si fuere el caso, subsane los defectos anotados.

2. El juez decidirá sobre las excepciones previas que no requieran la práctica de pruebas, antes de la audiencia inicial, y si prospera alguna que impida continuar el trámite del proceso y que no pueda ser subsanada o no lo haya sido oportunamente, declarará terminada la actuación y ordenará devolver la demanda al demandante.

Cuando se requiera la práctica de pruebas, el juez citará a la audiencia inicial y en ella las practicará y resolverá las excepciones.

Si prospera la de falta de jurisdicción o competencia, se ordenará remitir el expediente al juez que corresponda y lo actuado conservará su validez.

Si prospera la de compromiso o cláusula compromisoria, se decretará la terminación del proceso y se devolverá al demandante la demanda con sus anexos.

Si prospera la de trámite inadecuado, el juez ordenará darle el trámite que legalmente le corresponda.

Cuando prospere alguna de las excepciones previstas en los numerales 9, 10 y 11 del artículo 100, el juez ordenará la respectiva citación.

3. Si se hubiere corregido, aclarado o reformado la demanda, solo se tramitarán una vez vencido el traslado. Si con aquella se subsanan los defectos alegados en las excepciones, así se declarará.

Dentro del traslado de la reforma el demandado podrá proponer nuevas excepciones previas siempre que se originen en dicha reforma. Estas y las anteriores que no hubieren quedado subsanadas se tramitarán conjuntamente una vez vencido dicho traslado.

4. Cuando como consecuencia de prosperar una excepción sea devuelta la demanda inicial o la de reconvención, el proceso continuará respecto de la otra.

**Artículo 102. *Inoponibilidad posterior de los mismos hechos*.** Los hechos que configuran excepciones previas no podrán ser alegados como causal de nulidad por el demandante, ni por el demandado que tuvo oportunidad de proponer dichas excepciones.

INDICE

CGP – 278

**Artículo 278.** *Clases de providencias.* Las providencias del juez pueden ser autos o sentencias.

Son sentencias las que deciden sobre las pretensiones de la demanda, las excepciones de mérito, cualquiera que fuere la instancia en que se pronuncien, las que deciden el incidente de liquidación de perjuicios, y las que resuelven los recursos de casación y revisión. Son autos todas las demás providencias.

En cualquier estado del proceso, el juez deberá dictar sentencia anticipada, total o parcial, en los siguientes eventos:

1. Cuando las partes o sus apoderados de común acuerdo lo soliciten, sea por iniciativa propia o por sugerencia del juez.

2. Cuando no hubiere pruebas por practicar.

3. Cuando se encuentre probada la cosa juzgada, la transacción, la caducidad, la prescripción extintiva y la carencia de legitimación en la causa.

INDICE

LEY 1437 D 2011

**Artículo 181.** *Audiencia de pruebas.* En la fecha y hora señaladas para el efecto y con la dirección del Juez o Magistrado Ponente, se recaudarán todas las pruebas oportunamente solicitadas y decretadas. La audiencia se realizará sin interrupción durante los días consecutivos que sean necesarios, sin que la duración de esta pueda exceder de quince (15) días.

Las pruebas se practicarán en la misma audiencia, la cual excepcionalmente se podrá suspender en los siguientes casos:

1. En el evento de que sea necesario dar traslado de la prueba, de su objeción o de su tacha, por el término fijado por la ley.

2. A criterio del juez y cuando atendiendo la complejidad lo considere necesario.

En esta misma audiencia el juez y al momento de finalizarla, señalará fecha y hora para la audiencia de alegaciones y juzgamiento, que deberá llevarse a cabo en un término no mayor a veinte (20) días, sin perjuicio de que por considerarla innecesaria ordene la presentación por escrito de los alegatos dentro de los diez (10) días siguientes, caso en el cual dictará sentencia en el término de veinte (20) días siguientes al vencimiento de aquel concedido para presentar alegatos. En las mismas oportunidades señaladas para alegar podrá el Ministerio Público presentar el concepto si a bien lo tiene.

INDICE

# LEY 1437

**Artículo 176.** *Allanamiento a la demanda y transacción.* Cuando la pretensión comprenda aspectos que por su naturaleza son conciliables, para allanarse a la demanda la Nación requerirá autorización del Gobierno Nacional y las demás entidades públicas requerirán previa autorización expresa y escrita del Ministro, Jefe de Departamento Administrativo, Gobernador o Alcalde o de la autoridad que las represente o a cuyo Despacho estén vinculadas o adscritas. En los casos de órganos u organismos autónomos e independientes, tal autorización deberá expedirla el servidor de mayor jerarquía en la entidad.

En el evento de allanamiento se dictará inmediatamente sentencia. Sin embargo, el juez podrá rechazar el allanamiento y decretar pruebas de oficio cuando advierta fraude o colusión o lo pida un tercero que intervenga en el proceso.

Con las mismas formalidades anteriores podrá terminar el proceso por transacción.

INDICE

# LEY 1437

**Artículo 179.** *Etapas.* El proceso para adelantar y decidir todos los litigios respecto de los cuales este Código u otras leyes no señalen un trámite o procedimiento especial, en primera y en única instancia, se desarrollará en las siguientes etapas:

1. La primera, desde la presentación de la demanda hasta la audiencia inicial.

2. La segunda, desde la finalización de la anterior hasta la culminación de la audiencia de pruebas, y

3. La tercera, desde la terminación de la anterior, comprende la audiencia de alegaciones y juzgamiento y culmina con la notificación de la sentencia.

Cuando se trate de asuntos de puro derecho o no fuere necesario practicar pruebas, el juez prescindirá de la segunda etapa y procederá a dictar la sentencia dentro de la audiencia inicial, dando previamente a las partes la posibilidad de presentar alegatos de conclusión.

INDICE

# CGP - 327

**Artículo 327. *Trámite de la apelación de sentencias.*** Sin perjuicio de la facultad oficiosa de decretar pruebas, cuando se trate de apelación de sentencia, dentro del término de ejecutoria del auto que admite la apelación, las partes podrán pedir la práctica de pruebas y el juez las decretará únicamente en los siguientes casos:

1. Cuando las partes las pidan de común acuerdo.

2. Cuando decretadas en primera instancia, se dejaron de practicar sin culpa de la parte que las pidió.

3. Cuando versen sobre hechos ocurridos después de transcurrida la oportunidad para pedir pruebas en primera instancia, pero solamente para demostrarlos o desvirtuarlos.

4. Cuando se trate de documentos que no pudieron aducirse en la primera instancia por fuerza mayor o caso fortuito, o por obra de la parte contraria.

5. Si con ellas se persigue desvirtuar los documentos de que trata el ordinal anterior.

Ejecutoriado el auto que admite la apelación, el juez convocará a la audiencia de sustentación y fallo. Si decreta pruebas, estas se practicarán en la misma audiencia, y a continuación se oirán las alegaciones de las partes y se dictará sentencia de conformidad con la regla general prevista en este código.

El apelante deberá sujetar su alegación a desarrollar los argumentos expuestos ante el juez de primera instancia.

INDICE

SUMARIO

Normas que fundamentan el Decreto de "Justicia Virtual"

Ley 137 de 1994
Decreto 806 de 2020
Decreto 637 de 2020
Ley 2213 DE 2022